Desconocido Rumi

Otras obras de Nevit O. Ergin

Crazy As We Are
The Divan-i Kebir of Mevlana Jalaluddin Rumi
(Translation in 22 Volumes)
Divine Wine
Forbidden Rumi
The Glory of Absence
Magnificent One
A Rose Garden
Tales of a Modern Sufi
The Rubaílar of Rumi
The Sufi Path of Annihilation

Desconocido Rumi

Selección de Rubaís de
Maulana Jalaluddin Rumi
y Comentarios

Nevit O. Ergin

Titulo del original:
Unknown Rumi

Traducido por:
ÓSCAR DÍAZ

Powerhouse Publishing
Los Angeles, California, USA
www.ReadingRumi.com

Copyright © 2020 by Oscar Díaz Del Valle
First published by Powerhouse Publishing 2020
All rights reserved
Printed in the United States of America

ISBN: 978-1-947666-04-7 (paperback)
ISBN: 978-1-947666-05-4 (ebook)

Library of Congress Control Number: 2020937131

This book was typeset in Minion Pro with Old English as display typeface.

Maqueta de cubierta: Oscar Diaz del Valle
Fotografía de cubierta: Elise Tandé

Preface / Prefacio

Rumi's Name

Rumi's full name is Mevlana Jalaluddin Rumi. It means Master Jalaluddin of the land of Rum. He is known as Rumi in the West and Maulana Jalal al-Din Muhammad Balkhi in Persia and the East. His authorized name in the Library of Congress Authority records is Jalāl al-Dīn Rūmī, Maulānā, 1207-1273. With the exception of the book title, throughout Nevit Ergin's commentary, he is referred to as Mevlana.

El nombre de Rumi

El nombre completo de Rumi es Maulana Yalal ud-Din Rumi. Maulana significa maestro y Rumi, de la tierra de Rum.
En Occidente es conocido como Rumi o Maulana. en Persia y Oriente como Yalal ud-Din Muhammad Balkhi. Su nombre autorizado en los registros de la Autoridad de la Biblioteca del Congreso son Yala⁻l al-Di⁻n Ru⁻mi⁻, Maula⁻na⁻, 1207-1273. Con la excepción del título del libro, nos seguiremos refiriendo a él en adelante como Maulana.

The Translator

Nevit Ergin was introduced to Mevlana when Hasan Shushud gave him a copy of *Gül-deste* (the Rose), a collection of poems from Mevlana's *Dîvân-i Kebîr*, published in 1955 as translated from Persian into Turkish by the Turkish scholar Abdulbaki Gölpinarli (d.1982).

Between 1992 and 2003, Ergin translated Mevlana's entire *Dîvân-i Kebîr* from Turkish into English. This *Dîvân-i* contains Mevlana's longer poems (gazels). In total, the translation includes 44,000 verses published in 22 volumes.

Subsequently, Ergin has published the *Rubâîlar of Mevlana* (2,217 verses) in a university edition. The selections in *Unknown Rumi* comprise 100 of those verses. It should be noted that Ergin consulted with several Persian scholars to address the challenges of not being able to translate directly from the original language, but from a second language into a third.

El Traductor
Nevit Ergin fue introducido a Maulana cuando Hasan Shushud le dio una copia de Gül-deste (la rosa), una colección de poemas del Divan-i Kebîr de Maulana, publicado en 1955 y traducido del persa al turco por el turco erudito Abdulbaki Gölpinarli (muerto en 1982). Entre 1992 y 2003, Ergin tradujo todo el Divan-i Kebîr de Maulana del turco al inglés.

Este Divan-i contiene los poemas más largos de Maulana (odas). En total, la traducción incluye 44,000 versos publicados en 22 volúmenes. Posteriormente, Ergin publicó el Rubayat de Maulana (2.217 versos) en una edición universitaria. Esta selección de "Desconocido Rumi" comprende 100 Rubaí. Nótese que Ergin consultó con varios eruditos persas para abordar los desafíos de no poder traducir directamente del idioma original, sino de un segundo idioma a un tercero.

The Uniqueness of Rumi's Writings
Disciples give accounts of the teachings of the Buddha, Jesus, Mohammed, Moses, Abraham, and many others, but we don't have the actual words of these holy figures. Scribes, called Secretaries of Secret (Katibal esrar), recorded Mevlana's recitations; these verses are in Mevlana's own words.

La Singularidad de los Escritos de Rumi
Los discípulos dan cuentas de las enseñanzas de Buda, Jesús, Mahoma, Moisés, Abraham y muchos otros, pero no tenemos las palabras reales de estas figuras sagradas. Escribas, llamados Secretarios del Secreto (Katibal esrar), registraron las recitaciones de Maulana; Estos versos son las propias palabras de Maulana.

The Sources
Nevit Ergin based his English translations on the works of Gölpinarli. Gölpinarli used four sources for his Turkish translation of the original Persian (Farsi):

1. Two volumes of the *Dîvân* which were compiled between July 2, 1367 and October 13, 1368 by Hasan ibni Osman-al Mavlavi. It is registered at the Mevlana Museum in Konya as No. 68 and No. 69.

This is considered to be the most reliable *Dîvân* available today. Mevlana died in 1972, and it was less than 100 years later that this copy was made.
2. The *Dîvân* registered at the Library of the University of Istanbul, No. 334, which was compiled in the 15th century.
3. The *Dîvân* owned by Gölpinarli, prepared in 1691 in Baghdad. Later, this *Dîvân* was donated to the Mevlana Museum in Konya.
4. Eight volumes of *Kulliyât-é shams yâ dîwân-é kabîr-e mawlânâ jalâluddîn Muhammad mashhûr ba-mawlawî* prepared by Badî'uzzamân Forûzânfar in 1965.

Las Fuentes
Nevit Ergin basó sus traducciones al inglés en los trabajos de Gölpinarli quien utilizó cuatro fuentes para su traducción al turco del persa original (farsi):

1. Dos volúmenes de Dîvan que fueron compilados entre el 2 de julio de 1367 y 13 de octubre de 1368 por Hasan ibni Osman-al Mavlavi. Está registrado en el Museo Maulana en Konya como No. 68 y No. 69.
   Este se considera el Dîvan más confiable disponible hoy. Maulana murió en 1273, y menos de 100 años después se hizo esta copia.
2. El Dîvan registrado en la Biblioteca de la Universidad de Estambul, N° 334, que se compiló en el siglo XV.
3. El Dîvan propiedad de Gölpinarli, preparado en 1691 en Bagdad. Más tarde, este Dîvan fue donado al Museo Maulana en Konya.
4. Ocho volúmenes de *Kulliyât-é shams yâ dîwân-é kabîr-e mawlânâ jalâluddîn Muhammad mashhûr ba-mawlawî* preparado por Badî'uzzamân Forûzânfar en 1965.

The "Original" Persian
For preparing *the Rubâîlar of Rumi,* Ergin had 35 mm photographs taken of the entire *Divan-i Kebir* compiled by Hasan ibni Osman-al Mavlavi, mentioned above. As a result, Ergin has been able to present each rubaí in the Persian exactly as recorded by Osman-al Mavlavi, followed by Gölpinarli's Turkish translation of the Persian and Ergin's English translation of the Turkish

El Persa "Original"
Para preparar el Rubayat de Rumi, Ergin tenía fotografías de 35mm tomadas de todo el Divan-i Kebir compiladas por Hasan ibni Osman-al Mavlavi, mencionado anteriormente. Como resultado, Ergin ha podido presentar cada rubaí en persa exactamente según lo registrado por Osman-al Mavlavi, seguido de la traducción al turco de Gölpinarli del persa (omitida en esta edición bilingüe) y la traducción de Ergin del turco al inglés.

The Rubaí Form of Poetry
This Persian form of poetry derives its name from the Arabic plural of the word for *"quatrain," Rubá'íyah*. This, in turn, comes from the Arabic *Rubá*, meaning "four." In the original Persian, the lines are accentual-syllabic, usually tetrameters or pentameters, with the first, second, and fourth lines rhyming. Westerners are most familiar with the form through the *Rubáiyát of Omar Khayyam* (d. 1131).

La Estructura del Rubaí
Esta forma de poesía persa deriva su nombre del plural árabe de la palabra para "cuarteta", Rubá'íyah. Esta, a su vez, proviene del árabe Rubá, que significa "cuatro". En el persa original, los versos son de rima consonante, generalmente tetrámetros o pentámetros, rimando el primero, segundo, y cuarto verso. Los occidentales están más familiarizados con esta forma a través de El Rubáiyát de Omar Khayyam (m. 1131).

Introduction

We are the statues of perception. Our mother and father are perceptions, and we are the children of perception. There are an infinite number of levels of perception before and after humanity. Our human level is just a glimpse of this: Perception comes from the infinite and goes to the infinite.
Perception is divided into two types: dualistic and non-dualistic. Mevlana mastered both.
Ninety-nine percent of humanity has a dualistic perception. In dualistic perception we look at each other as predator and prey. We see good and evil. We think in terms of you and me. We get tangled up in the institutions of faith and reason.
non-dualistic perception is Nothingness, Absence, total annihilation of the self. In the Eastern traditions, it is called Advaita. In one of his long poems (gazels) Mevlana describes it as follows:

> I saw Absence in my dream last night.
> I was amazed by His beauty. I became bewildered.
>
> I was out of myself until early dawn
> Because of the beauty, maturity
> And kindness of Absence.
>
> I compared Absence to a ruby mine.
> I dressed in a satin of its that color.
>
> I heard the sound of lovers.
> I listened to their voices saying:
> "May it do you good"
>
> I saw a circle
> That had became drunk with Absence.
> Then, I saw that ring,
> Like an earring on my ear.
>
> I saw a form in the light of Absence.
> I saw the Soul of souls on His face.

> When I saw the rough sea,
> My soul became exalted
> With a hundred kinds of excitement.
>
> Hundreds of thousands of screams and yells
> Came from the sky.
> I would become a slave, a servant,
> To a such messenger.
>
> Dîvân-i Kabîr Meter 9, 177, v. 1103-1110

It's not wonder that so many people do not understand Mevlana. To see this way, non-dualistic perception must be experienced.

To reach non-dualistic perception requires total annihilation of the self. A person's gender, age, or profession don't matter; without total annihilation, they will not reach non-dualistic perception.

To reach non-dualistic perception, a person has to go on a long, hard climb up a very steep mountain. They must reach the summit to understand, to see what Maulana sees.

Unfortunately most humans don't get past the base of this Mountain. They are too world hungry, too satisfied with what they find in this world.

For this collection, we have chosen rubaís that reflect both types of perception. There are many, many rubaís that reflect the summit and, we urge you to read these most carefully..

> Mevlana not only climbed the mountain.
> Mevlana is the mountain.
> May Mevlana be known.

Nevit O. Ergin San Mateo, CA

Introducción

Somos las estatuas de la percepción. Nuestra madre y padre son percepciones, y somos los hijos de la percepción. Hay un infinito número de niveles de percepción antes y después de la humanidad. Nuestro nivel humano es solo un vislumbre de esto: Percepción viene del infinito y va al infinito.

La percepción se divide en dos tipos: dual y no-dual. Maulana dominó ambas.

El noventa y nueve por ciento de la humanidad tiene una percepción dualista, nos vemos unos a otros como depredador o presa. Vemos bondad y maldad. Pensamos en términos de tú y yo. Estamos atrapados en las instituciones de la fé y la razón.

La percepción no-dual es Nada, Ausencia, total aniquilación del yo. En las tradiciones Orientales, esto es llamado Advaita. En uno de sus poemas largos (odas) Maulana la describe como sigue:

Vi a Ausencia en mi sueño la pasada noche.
Fui asombrado por Su belleza.
Quedé perplejo.

Quedé fuera de mi hasta la aurora
por la belleza, madurez y amabilidad de Ausencia.

Comparé Ausencia con una mina de rubíes.
Vestí con una seda de tal color.

Escuché el sonido de amantes.
Oí sus voces diciendo:
"Que te aproveche"

Vi un corro que se llegó a embriagar de Ausencia.
Entonces vi ese anillo,
como si fuera el arete en mi oreja.

Vi una forma en la luz de Ausencia.
Vi el Alma de las almas en Su rostro.

> Cuando vi el mar agitado,
> mi alma se exaltó con cien clases de sensaciones.
>
> Cientos de miles de gritos y gemidos bajaron del cielo.
> Luego me convertiría en esclavo,
> en servidor, de tal mensajero."

Dîvân-i Kabîr Meter 9, 177, v.1103-1110

No es de extrañar que tanta gente no entiendan a Maulana. Para ver esta vía, la percepción no-dual debe ser experimentada.

Alcanzar la percepción no-dual requiere total aniquilación del yo. No importan el género, la edad o la profesión de la persona; sin total aniquilación, esta no alcanzará la percepción no-dual.

Para alcanzar la percepción no-dual, la persona tiene que emprender una larga, dura escalada de una muy empinada montaña. Hay que alcanzar la cima para entender, para ver lo que Maulana ve.

Desafortunadamente la mayoría de los humanos no consiguen pasar del pie de la montaña. Están demasiado hambrientos de mundo, demasiado satisfechos con lo que encuentran en este mundo.

Para esta selección, hemos elegido rubaís que reflejan ambos tipos de percepción. Hay muchas, muchas rubaís que reflejan la cima, te instamos a que las leas con el mayor de los cuidados.

Maulana no solo subió a la montaña.
Maulana es la montaña.
Pueda Maulana ser conocido.

Nevit O. Ergin San Mateo, CA

Agradecimiento Especial

A Meral Ekmekçioğlu, Mahmoud Ghanadan, Kavous Barghi, los académicos de Stanford University, Ishan Vest, y a Millicent Alexander por su apoyo durante este proyecto

Ausencia es Esencia; todo lo demás es un atributo.
Ausencia es salud; todo lo demás es una enfermedad.
Este mundo es un gran dolor de cabeza, enorme ilusión.
Ausencia es el verdadero tesoro en el mundo.[4]

-Maulana Jalaluddin Rumi

Absence is Essence; everything else is an attribute.
Absence is health; everything else is an illness.
This world is a big headache, a grand illusion.
Absence is the real treasure in the world.[4]

-Mevlana Jalaluddin Rumi

Este mundo no es más que una magnifica mentira.
Una persona que aniquila su yo ve eso.

- Nevit O. Ergin

This world is nothing but a magnificent lie.
A person who annihilates his self sees that

- Nevit O. Ergin

**Rubayat
y
Comentarios**

Religion is something for humans before they reach fanâ. After reaching fanâ (annihilation), there is no Islam, no Christianity, nor any other religion.

Religión es algo para humanos antes de que logren fanâ [aniquilación]. Después de haber alcanzado fanâ no hay Islam, ni Cristiandad, ni ninguna otra religión.

1.

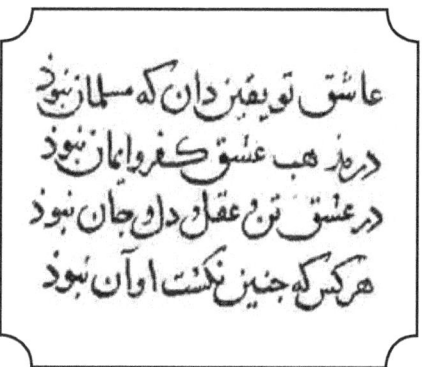

Know this very well: a Lover cannot be a Muslim.
In the religion of Love, there is no faith, no blasphemy;
Neither body nor soul, neither reason nor heart.
Whoever is not like that is not a Lover.

Sepa esto muy bien: un amante no puede ser musulmán.
En la religión del Amor, no hay fe, no hay blasfemia;
Ni cuerpo ni alma, ni razón ni corazón.
Quien no sea así no es un Amante.

This path is paved with cobblestones of fire. Annihilation (fanâ) is the fire. However, when one annihilates their self, when one dies before their death, they discover the biggest paradise. They see. They understand.

Este camino está pavimentado con adoquines de fuego. Aniquilación (fanâ) es el fuego. Sin embargo, cuando uno aniquila su ego, cuando uno muere antes de morir, descubre el mayor paraíso. Ellos ven. Ellos entienden.

2.

اوّل بهزار لطف بنواخت مرا
آخر بهزار غصه بگداخت مرا
جون مهرهٔ مهر خویش مرا باخت
جون من او شدم بینداخت مرا

First, He pampered me with a thousand favors,
Then burned me with a thousand troubles.
He was playing with me, like a dice of His Love.
When I died to myself and became Him, He threw me out.

Primero, me mimó con mil favores,
Luego me quemó con mil problemas.
Estaba jugando conmigo, como un dado de Su Amor
Cuando morí para mí y me convertí en Él, me arrojó.

The one who stays with the world is the one who struggles through with heart, soul, body. Only the one who escapes from existence to reach Essence sees that. This is the adventure, the traveling we do. It takes a long time, but anybody who doesn't start this journey stays forever stuck on a page of literature.

El que se queda con el mundo es el que lucha a través del corazón, alma, cuerpo. Solo el que escapa de la existencia para llegar a la Esencia ve eso. Esta es la aventura, el viaje que hacemos. Toma mucho tiempo, pero cualquiera que no comience este viaje se queda pegado para siempre en una página de ficción.

3.

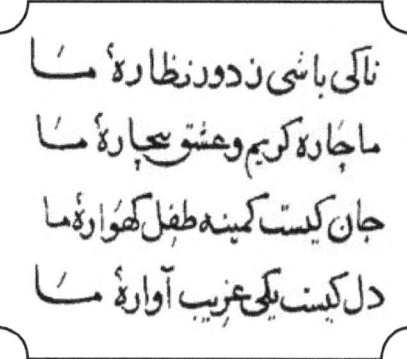

How long will you look at us from a distance?
We dressed the wounds. Love is our poor friend.
Who is soul? A helpless baby in our cradle.
Who is heart? Our strange guest.

¿Cuánto tiempo nos mirarás desde la distancia?
Nos vendamos las heridas. El Amor es nuestro pobre amigo.
¿Quién es el alma? Un bebé indefenso en nuestra cuna.
¿Quién es el corazón? Nuestro extraño invitado.

At one stage of annihilation of the self, exuberance, Love comes. This Love is a result of annihilation. Any other love is simply symbolic love. Until one finds Love, Love keeps telling us to get busy, to fast, do breathing, finish our transformation.

En una etapa de la aniquilación del yo, exuberancia, Amor llegan. Este Amor es el resultado de la aniquilación. Cualquier otro amor es simplemente amor simbólico. Hasta que uno encuentra al Amor. El Amor sigue diciéndonos que nos mantengamos ocupados, que ayunemos, respiremos, acabemos nuestra transformación.

4.

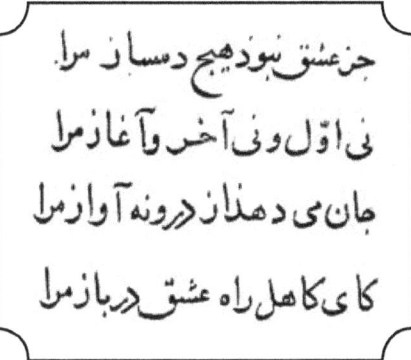

I don't have a friend besides Love.
Love was with me before I came into this world
And it is still with me.
Soul yells, "O lazy one on Love's way,
Come on, hurry up, reach me."

No tengo un amigo además del Amor.
El Amor estaba conmigo antes de venir a este mundo.
Y todavía está conmigo.
El alma grita: "¡Oh, perezoso en el camino del amor!
Vamos, apúrate, alcánzame."

Our mind is the world of relativity, the world of dual concepts like good and bad, death and life, God and creatures. In other words, of dualistic perception. While we are in our mind, we experience so many problems. Once we annihilate our self, all the differences merge; there is no perceiver, no perceived; we reach safety and peace. This is non-dualistic perception.

Nuestra mente es el mundo de la relatividad, el mundo de los conceptos duales como bueno y malo, muerte y vida, Dios y criaturas. En otras palabras, de percepción dualista. Mientras Estamos en nuestra mente, experimentamos muchos problemas. Una vez que aniquilamos nuestro ego, todas las diferencias se fusionan; no hay perceptor, ni percibido; llegamos a la seguridad y paz. Esta es la percepción no dualista.

5.

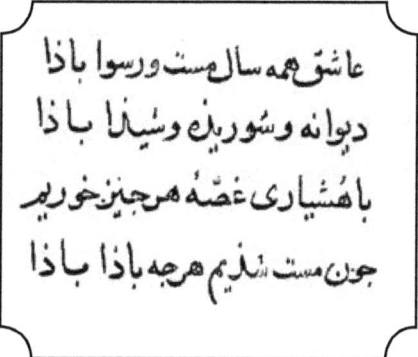

The lover should be crazy-insane,
Scorned, disgraced, and drunk all year long.
We are susceptible to suffering when we are awake,
But when we are drunk, everything is good.

El amante debería estar loco,
Despreciado, deshonrado y borracho todo el año.
Somos susceptibles al sufrimiento cuando estamos despiertos,
Pero cuando estamos borrachos, todo está bien.

During the journey of annihilation of self, sometimes we feel like we're in control of everything, other times that we're nothing. After total annihilation (fanâ), we see nothing around us. We see that this world doesn't exist, that we're not here, that this is our shadow.

Durante el viaje de aniquilación de uno mismo, a veces sentimos que tenemos el control de todo, otras veces que no somos nada. Después de la aniquilación total (fanâ), no vemos nada a nuestro alrededor. Vemos que este mundo no existe, que no estamos aquí, que esta es nuestra sombra.

6.

> که می‌گفتم که من اسیرم خود را
> که بغره زنان که من اسیرم خود را
> ان دفت ازین بس بندیرم خود را
> بگرفتم این که من نکیرم خود را

I used to say, "I am the master of myself."
Sometimes I was a slave.
Those times have gone.
Now I am not myself.
Now I am beyond my self.

Solía decir: "Soy el dueño de mí mismo".
A veces era un esclavo.
Esos tiempos se han ido.
Ahora no soy yo mismo.
Ahora estoy más allá de mi ser.

Mevlana is referring to being in the middle of the journey of annihilation of self, the middle of this great mountain. He is giving up his soul and body. At the summit of the mountain, there is no soul, no body, no creation, nothing.

Maulana se refiere a estar en medio del viaje de la aniquilación de uno mismo, a mitad de esta gran montaña. Él está renunciando a su alma y cuerpo. En la cumbre de la montaña, no hay alma, ni cuerpo, ni creación, nada.

7.

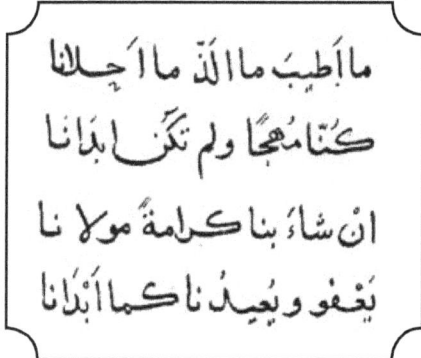

I was heart and soul without a body before,
Pure, clean, pleasant.
My master built my body as a guest house;
He placed the soul in it.
If You are so kind, do me a favor: Pardon me.
Recreate me as You did before; bring me back to life.

Antes era corazón y alma sin cuerpo
Puro, limpio, agradable.
Mi amo construyó mi cuerpo como casa de huéspedes;
Puso el alma en él.
Si Eres tan amable, hazme un favor: perdóname.
Recréame como lo hiciste antes; Devuélveme a la vida.

Mevlana again refers to being in the middle of the journey of annihilation of self; he is still aware of his existence. One must go beyond existence to experience non-existence.

Maulana nuevamente se refiere a estar en medio del viaje de aniquilación de uno mismo; él todavía es consciente de su existencia. Uno debe ir más allá de la existencia para experimentar la no-existencia.

8.

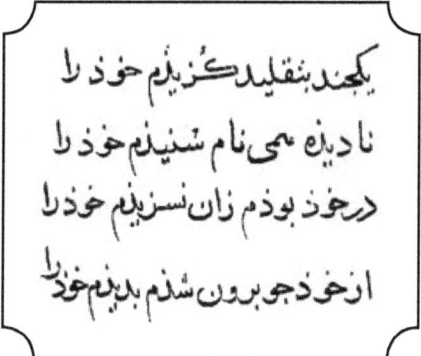

First I learned about myself by imitating others.
Although I was aware of my existence,
I did not comprehend my being.
Because I didn't see, I didn't recognize myself,
I was only hearing my name.
When I went out of me, I saw my real being.

Primero aprendí sobre mí mismo imitando a los demás.
Aunque era consciente de mi existencia,
No comprendí mi ser.
Como no vi, no me reconocí
Solo escuchaba mi nombre.
Cuando salí de mí, vi mi verdadero ser.

𝔄 summit rubaí. Sometimes when a person is on the journey, they don't need wine to be drunk or music to enjoy the exuberance. Their exhuberance comes from annihilation.

𝔘n rubaí de la cumbre. A veces, cuando una persona está en el viaje, no necesitan vino o música para disfrutarla exuberancia. Su exuberancia proviene de la aniquilación.

9.

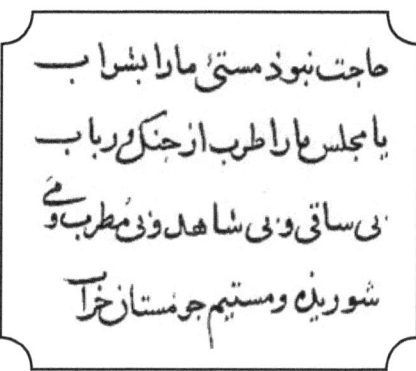

We don't need wine to get drunk.
Harp and rebab* are not necessary for the joy of our gathering.
We are out of ourselves and, like drunks, have fallen on the floor.
But, there is no cupbearer for us, no musician, no beauty.

*Rebab: A three-stringed musical instrument

No necesitamos vino para emborracharnos.
El arpa y el rebab * no son necesarios para la alegría de nuestra reunión.
Estamos fuera de nosotros mismos y, como borrachos, hemos caído al suelo.
Pero no hay copero para nosotros, ni músico, ni bella.

* Rebab: un instrumento musical de tres cuerdas

Mevlana is referring to real Love. Our worldly love is temporary, symbolic; the beginning and end of love all belong in this world. In fanâ, there is no beginning or end.

Maulana se refiere al verdadero Amor. Nuestro amor mundano es temporal, simbólico; el principio y el fin del amor pertenecen a este mundo. En fanâ, no hay principio ni fin.

10.

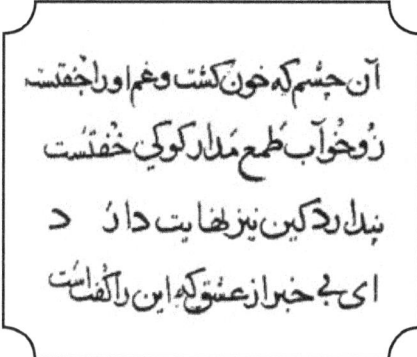

Don't expect sleep from the eyes that shed tears of blood.
The one who is afflicted by this sorrow
Knows nothing about Love
If he thinks that there will be an end of it.

No esperes descanso de los ojos que derraman lágrimas de sangre.
De quien está afligido por este dolor.
No sabe nada sobre el Amor
Quien piense que esto tiene un final.

This rubaí refers to something that happens on the journey of annihilation, of climbing the mountain: An aspirant becomes restless, becomes very uneasy with the world, with existence.

If someone doesn't know this mountain symbol, they won't have any idea about Mevlana. This is why Mevlana is still unknown: To know him, one has to climb the mountain. A blind person who has touched one small part of an elephant still has no idea about the whole.

Este rubaí se refiere a algo que sucede en el viaje de aniquilación, de escalar la montaña: un aspirante se inquieta, se inquieta mucho con el mundo, con la existencia.

Si alguien no conoce esta simbólica montaña, no tendrá ni idea de Maulana. Por eso Maulana aún se desconoce: para conocerlo, hay que escalar la montaña.

Una persona ciega que ha palpado una pequeña parte de un elefante todavía no tiene idea del todo.

11.

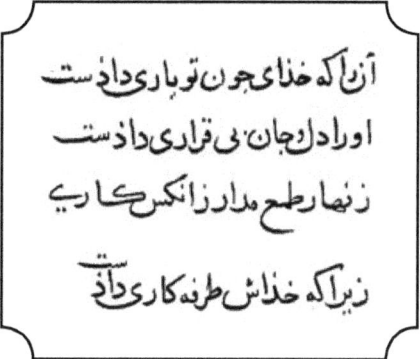

When God gives such a Beloved like you to someone,
He makes his heart restless and unstable.
Don't expect normal behavior from him.
God assigned him an unusual task with Love.

Cuando Dios entrega a alguien un Amante como tú
Hace a su corazón inquieto e inestable.
No esperes de él un comportamiento normal.
Dios le asignó una tarea inusual con el Amor.

This mountain-climbing is neither religious nor nonreligious. It is about the one who dies before their body dies. It is the business of reaching non-dualistic perception.

Este alpinismo no es religioso ni no religioso. Se trata de quien muere antes de que muera su cuerpo. Es la tarea de alcanzar la percepción no dual.

12.

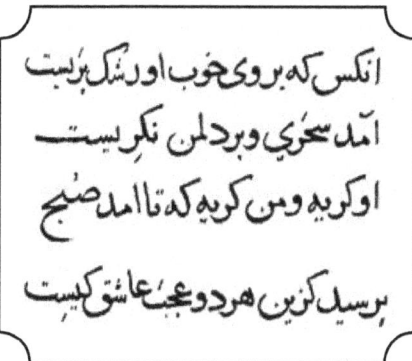

That Beauty whose face makes fairies jealous
Came suddenly at early dawn.
He looked at my heart and started crying.
Then I started crying too.
Morning came and wondered,
"Who of us is the lover, and who is the Beloved?"

Esa Belleza cuyo rostro pone celosas a las hadas
Llegó de repente al amanecer.
Miró mi corazón y empezó a llorar.
Entonces yo empecé a llorar también.
Llegó la mañana y alguien se preguntó:
"¿Quién de nosotros es el amante y quién es el Amado?"

This is a description of non-dualistic perception, which occurs only with the completion of fanâ.

Dualistic perception is what most people think of as normal. People think many have lived here before us and many will come after us. But, in fact, we create this earth, this world, and we think we own it.

This is why we are afraid of dying. We think this world will change after we leave it. We think that when we're in our grave, we will still be prey to worms, ants, all kinds of animals. We forget, believing death is for somebody else.

In fact, our addiction to being and becoming is mankind's biggest problem.

Esta es una descripción de la percepción no dual, que ocurre solo con la realización de fanâ.

La percepción dualista es lo que la mayoría de la gente piensa como normal. La gente piensa que muchos han vivido aquí antes que nosotros y muchos vendrán después. Pero, de hecho, creamos esta tierra, este mundo, y creemos que lo poseemos.

Por eso tenemos miedo de morir. Pensamos que este mundo cambiará después de que lo dejemos. Pensamos que cuando estemos en nuestra tumba, todavía seremos presa de gusanos, hormigas, todo tipo de animales. Olvidamos, creyendo que la muerte es para alguien más.

De hecho, nuestra adicción al ser y al devenir es el mayor problema de la humanidad

13.

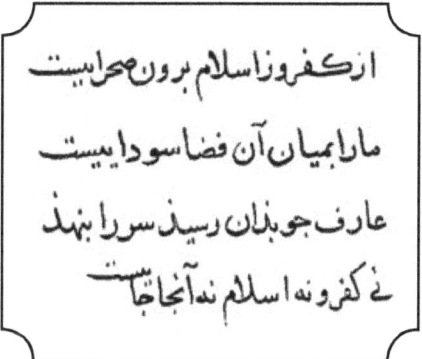

There is a plain beyond Islam and heresy.
Our Love stands in the middle of that plain.
The sage will prostrate there,
Because there is room
For neither Moslem nor unbeliever there.

Hay una llanura más allá del Islam y la herejía.
Nuestro amor se encuentra en medio de esa llanura.
El sabio se postrará allí,
Porque hay espacio
Porque ni musulmanes ni incrédulos están allí.

This rubaí is the description of existence and life, our human story created by our dualistic perception.

Este rubaí es la descripción de la existencia y la vida, nuestra historia humana creada por nuestra percepción dualista.

14.

از نوح سفینه ایست میراث نجات
کردآن و روان میانه مَعرجیات
اندر دل از آن گهر برست نبات
اما جون دل نه نقره ا ردنه حیات

We inherited a boat from Noah
As the prize of deliverance.
It sails through storms on the sea of life.
Thoughts, images, sorrows, and pleasures
Are the reeds over this sea,
But they have neither shape nor direction like the heart.

Heredamos un arca de Noé
Como el premio de la liberación.
Navega a través de tormentas en el mar de la vida.
Pensamientos, imágenes, penas y placeres.
Son las cañas sobre este mar,
Pero no tienen forma ni dirección como el corazón.

A summit rubaí. It tells everything as it is when one reaches non-dualistic perception. This is fanâ.

Un rubaí de la cumbre. Cuenta tal y como es cuando uno alcanza la percepción no dualista. Esto es fanâ.

15.

امروز من وجام صبوحی در دست
می‌افتم وی خیزم وی کردم مست
با سرو بلند خوبش من مستم وپست
من نیست شوم تا نبود جزوی هست

I exist; a glass of morning wine exists in my hand today.
I am thinking and walking around.
I am drunk, lowered myself
In front of my tall cypress, my Beloved,
Annihilating myself so that no one would exist besides Him.

Existo; un vaso de vino de la mañana existe en mi mano hoy.
Estoy pensando y paseando.
Estoy borracho, me humillé
Frente a mi alto ciprés, mi Amado,
Aniquilándome para que nadie más existiera además de Él.

𝔄nother rubaí from Mevlana after he has reached the summit of the mountain, after he has reached Essence. Very truly this describes the summit, fanâ.

𝔒tro rubaí de Maulana después de haber alcanzado la cumbre de la montaña, después de haber alcanzado la esencia. Muy fielmente esto describe la cumbre, fanâ.

16.

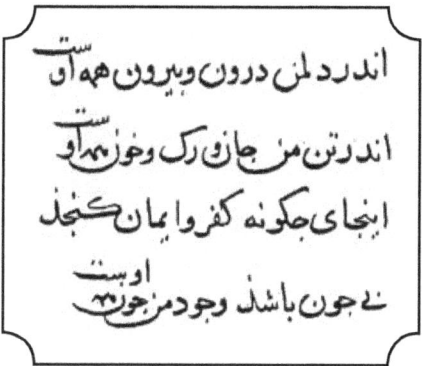

He is inside and outside of my heart.
He is the soul of my body. He is my blood and my veins.
How could faith or heresy fit here?
I am absent; He is all of my existence.

Él está dentro y fuera de mi corazón.
Él es el alma de mi cuerpo. Él es mi sangre y mis venas.
¿Cómo podría encajar la fe o la herejía aquí?
Estoy ausente; Él es todo de mi existencia

What's the difference between science and Love, existence and non-existence, a scientist and a sage? Research is like a dog chasing its tail, because it's the brain trying to understand the brain. Dualistic perception can only be reached through annihilation of the self. We say, "A scientist says what he thinks, while a sage describes what he sees."

¿Cuál es la diferencia entre ciencia y amor, existencia y la no existencia, un científico y un sabio? La investigación es como un perro persiguiendo su cola, porque es el cerebro tratando de entender al cerebro. La percepción dualista solo puede ser alcanzada a través de la aniquilación del yo. Decimos: "Un científico dice lo que piensa, mientras que un sabio describe lo que ve ".

17.

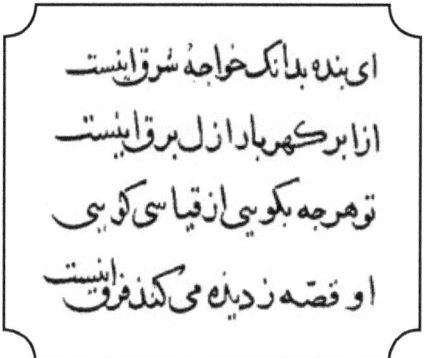

O mortal, this is the Master of all the East.
This is the lightning from the cloud that scatters pearls.
Whatever you say is based just on reasoning.
Yet, He tells what he sees, and that's the difference.

Oh mortal, este es el Maestro de todo el Este.
Este es el rayo de la nube que dispersa las perlas.
Lo que digas se basa solo en el razonamiento.
Sin embargo, Él dice lo que ve, y esa es la diferencia.

Mevlana describes Absence and existence so beautifully in so many rubaís. How can you miss it?

Maulana describe la ausencia y la existencia tan bellamente en tantos rubaís ¿Cómo te lo puedes perder?

18.

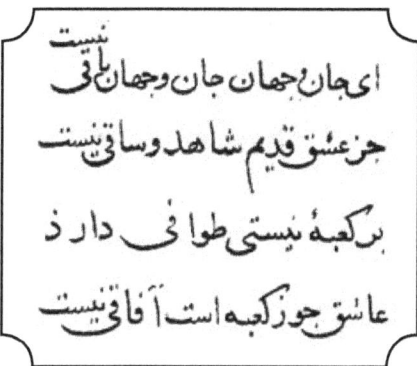

O soul, O universe, souls and the universe are temporary.
There is no beauty, no cupbearer except Eternal Love.
The Lover turns around the Kaaba* of Absence.
He is from that Kaaba, not from the surroundings.

Kaaba: Cubical temple of Mecca; direction of prayer.

Oh alma, oh universo, almas y universo son temporales.
No hay bella, ni copero, excepto el Amor Eterno.
El amante gira alrededor de la Kaaba * de la Ausencia.
Él es de esa Kaaba, no de los alrededores.

Kaaba: templo cúbico de La Meca; dirección de la oración.

When a person travels up the mountain to annihilate the self, suffering is critical. Fasting, breathing and suffering. To kill the self, you have to suffer. This is it.

Cuando una persona viaja por la montaña para aniquilar el ego, el sufrimiento es crítico. Ayuno, respiración y sufrimiento. Para matar tu ego tienes que sufrir. Eso es todo.

19.

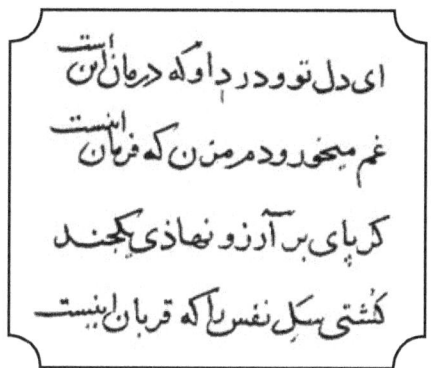

heart, here you are, next to His trouble, too.
That's what the cure is: Suffer, don't talk.
That's the commandment.
When you step on the head of your desire,
The dog-self will be suffocated. That's what the sacrifice is.

h corazón, aquí estás, junto a Su problema, también.
Esa es la cura: sufre, no hables.
Ese es el mandamiento.
Cuando pisas la cabeza de tu deseo,
El perro-ego se asfixiará. De eso se trata el sacrificio.

In dualistic perception, everything, including you, exists in your dream. There is God, a lover, a wound, blood. But, in non-dualistic perception, there is nothing.

En la percepción dualista, todo, incluido usted, existe en tu sueño. Hay Dios, un amante, una herida, sangre. Pero, en la percepción no dualista, no hay nada.

20.

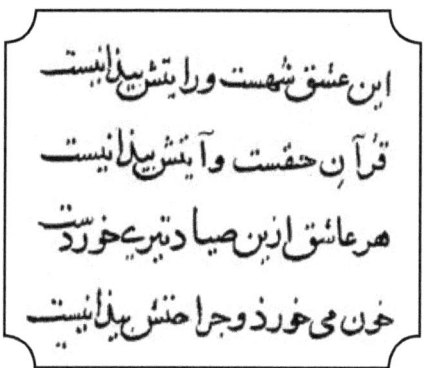

This Love is such a Sultan, but his banner is invisible.
This is such a Koran, but its ayats* are invisible.
This hunter wounds every lover,
 But the blood from this wound is invisible.

*Ayat: The Arabic word for sign or miracle; it usu-
 ally refers to each verse in the Qur'an.

Este amor es un Sultán, pero su estándarte es invisible.
Este es un Corán, pero sus ayats* son invisibles.
Este cazador hiere a todos los amantes,
Pero la sangre de esta herida es invisible.

*Ayat: la palabra árabe para signo o milagro; Usualmente
se refiere a cada verso en el Corán.

Another clear description of fanâ. In fanâ, there is no bad and good, no short and long, no God and creatures.

Otra descripción clara de fanâ. En fanâ, No hay nada malo y bueno, ni corto y largo, ni Dios y criaturas

21.

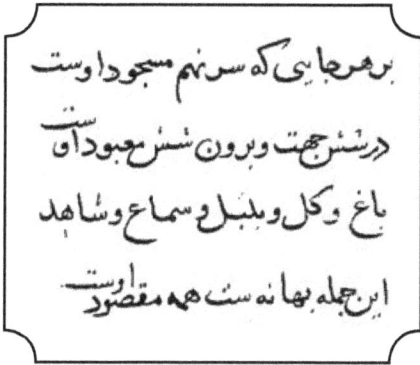

Wherever I put my head down on the ground,
He is the One who is prostrated.
He is the one worshiped in six dimensions and beyond.
All I speak about—the rose gardens, nightingales, beauties—
All is just a pretext. He is the only purpose.

Donde sea que ponga mi cabeza en el suelo,
Él es quien está postrado.
Él es el adorado en seis dimensiones y más allá.
De todo lo que hablo: las rosaledas, los ruiseñores, las bellezas,
Todo es solo un pretexto. Él es el único propósito.

Without fanâ (annihilation), everything in the world exists: We hate the world; we love the world. Either way, the world becomes our goal. We have a fear of dying: We like our body, our self so much that we don't want to throw it into the ground. Fanâ is the medicine for all of this. If a person reaches fanâ, they see that everything in the world is just a dream.

Sin fanâ. (aniquilación), todo en el mundo existe: odiamos el mundo; amamos el mundo. De cualquier forma, el mundo se convierte en nuestro objetivo. Tenemos miedo a morir: nos gusta tanto nuestro cuerpo, nuestro ser, que no quiero tirarlo por tierra. Fanâ es la medicina para todo esto. Si una persona alcanza fanâ, ve que todo en el mundo es solo un sueño.

22.

بجاره نزار عاشق بے صبر کجاست
کین عشق کرفتاری بی هیچ دوا
درمان غم عشق نه بحل و نه دریاست
در عشق حقیقی نه وفا و نه جفاست

Who is more frustrated than an impatient lover?
There is no cure for Love's sickness.
Goodness and badness don't help the sorrow of Love.
There is neither fidelity nor cruelty in real Love.

¿Quién está más frustrado que un amante impaciente?
No hay cura para la enfermedad del Amor.
La bondad y la maldad no ayudan a la pena del Amor.
No hay ni fidelidad ni crueldad en el Amor verdadero.

The "pretty ones" love this world; they are always busy trying to maintain their presence in it. But, this business is about Absence, not existence. To reach Absence there is a price, and it's one that they are not willing to pay.

La "gente guapa" ama este mundo; siempre están ocupados tratando de mantener su presencia en él. Pero este asunto trata de la Ausencia, no existencia. Para alcanzar Ausencia hay un precio, y es uno que no están dispuestos a pagar.

23.

بیرون زجهان کفر و ایمان جایست
کاشانه مقام هر برو رعنایست
جان بابل داد و دل بشکرانهٔ جان
آنراکه تمنای چنین ما وا بست

There is a place beyond faith and heresy
That is not for all the young and pretty ones
Who want to get there.
One has to give up their life and sacrifice their heart
As the price.

Hay un lugar más allá de la fe y la herejía.
Eso no es para todos los jóvenes y lindos
¿Quién quiere llegar allí?
Uno tiene que renunciar a su vida y sacrificar su corazón.
Como pago.

This earthly rubaí stands at the bottom of the mountain. Mevlana notices that the earth looks like it's sleeping, when it's actually getting ready for spring.

Este rubaí terrenal se encuentra al pie de la montaña. Maulana se da cuenta de que la tierra parece estar durmiendo, cuando en realidad se está preparando para la primavera.

24.

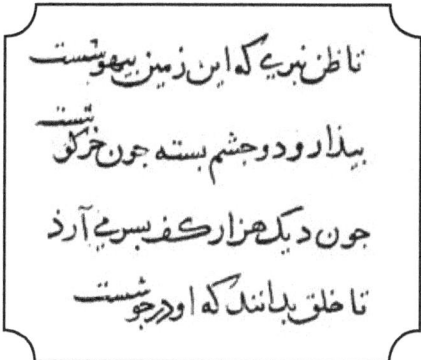

This earth makes you think
That it has no mind or consciousness.
It acts like it's sleeping; its eyes are closed.
Yet, it is awake and alive, like you are, like I am.
Foam floats on the surface in a boiling saucepan
The same way flowers and plants
Spurt out from the heart of nature.

Esta tierra te hace pensar
Que no tiene mente ni conciencia.
Actúa como si estuviera durmiendo; Sus ojos están cerrados.
Sin embargo, está despierta y viva, como tú, como yo.
La espuma flota en la superficie en una olla hirviendo
Del mismo modo que las flores y las plantas
brotan del corazón de la naturaleza.

Annihilation is not a part-time job. An aspirant on the journey must give all on the way to Essence. Existence has to become Essence. Mevlana says over and over again, "The one who is world-hungry doesn't understand me."

Aniquilación no es un trabajo a tiempo parcial. Un aspirante en el viaje debe dar todo en el camino a la Esencia. Existencia tiene que convertirse en Esencia. Maulana dice una y otra y otra vez de nuevo: "El que tiene hambre del mundo no me entiende"

25.

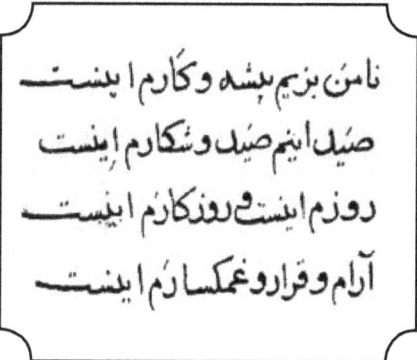

This is my work, my business and my art
As long as I live.
This is my game, my prayer.
This is my day, my time.
This is my comfort, my confidant.

Este es mi trabajo, mi negocio y mi arte.
Mientras viva.
Este es mi juego, mi oración.
Este es mi día, mi tiempo.
Este es mi consuelo, mi confidente.

While you are looking for your Essence, your Essence is looking for you, and one day, your Essence grabs you. "If you take one step towards me, I take a thousand steps towards you." When I say to God, "Where are You?" God answers, "Where are you?"

Mientras buscas tu Esencia, tu Esencia te está buscando, y un día, tu esencia te atrapa. "Si das un paso hacia mí, Yo doy mil pasos hacia ti ". Cuando le digo a Dios:" ¿Dónde estás? "Dios responde: "¿Dónde estás?"

26.

تا مهر نگار لم با وفایم بگرفت
مس بودم او چو کیمیایم بگرفت
اورا هزار دست جویان گشتم
او دست حر از گردویایم بگرفت

When Love of the peerless Beloved covered me,
His alchemy turned me from copper to gold.
I was looking for him with not one, but thousands of hands.
Then, He suddenly grabbed my feet.

Cuando el Amor del Amado sin igual me cubrió,
Su alquimia me convirtió del cobre al oro.
Lo estaba buscando no con una, sino con miles de manos.
Entonces, de repente El me agarró los pies.

Repenting is a revolting against God. It means you are looking for something beyond God, when exactly where you are is God. Repenting is a sin… the biggest sin.

Arrepentirse es una rebelión contra Dios. Significa que buscas algo más allá de Dios, cuándo exactamente dónde estás, esta Dios. Arrepentirse es un pecado... el pecado más grande.

27.

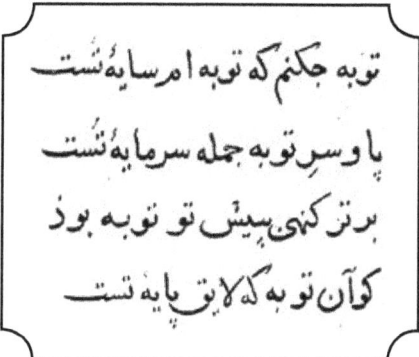

Why should I repent? My repentance comes from You.
The head and feet of repentance are entirely Your attainments.
It is the biggest sin to repent in front of You.
Does any repentance deserve Your greatness?

¿Por qué debería arrepentirme? Mi arrepentimiento viene de Ti.
El principio y el final del arrepentimiento son enteramente Tu capital
Es el mayor pecado arrepentirse en tu presencia.
¿Algún arrepentimiento merece tu grandeza?

Your Essence is everything. Your Essence is much bigger than God. Your Essence starts with the world, goes beyond the world, and beyond God. This journey up to the summit of the mountain goes from you to God, through God, beyond God.

Tu Esencia lo es todo. Tu Esencia es mucho más grande que Dios. Tu Esencia comienza con el mundo, va más allá del mundo y más allá de Dios. Este viaje a la cumbre de la montaña va de ti a Dios, a través de Dios, más allá de Dios.

28.

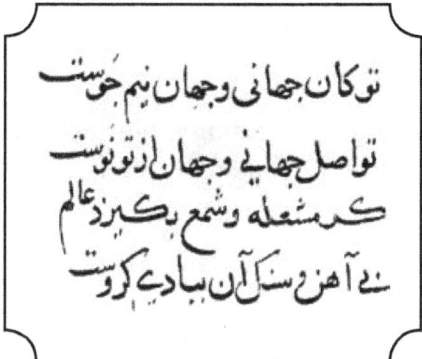

The world isn't worth half a grain of barley.
You are the gold mine.
You are the Essence and the purpose of the universe.
Everything is created for You.
If the world were illuminated by torches and candles,
What would be their use without a lighter?
The wind would put them out.

El mundo no vale ni medio grano de cebada.
Tú eres la mina de oro
Tú eres la Esencia y el propósito del universo.
Todo está creado por Ti.
Si el mundo estuviera iluminado por antorchas y velas,
¿Cuál sería su uso sin un yesquero?
El viento los apagaría.

Mevlana brings up fasting again and again. It is one of the tools that carry you on the journey up the mountain.

Maulana saca a relucir el ayuno una y otra vez. Es una de las herramientas que te llevan en el ascenso por la montaña.

29.

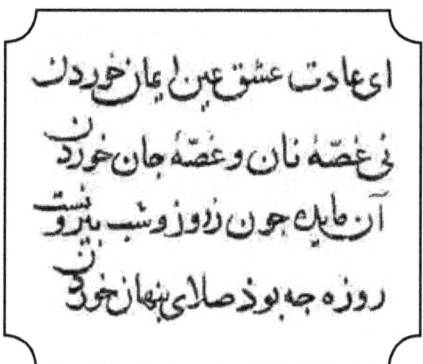

It is customary for Love to eat faith like a meal.
Love goes after neither bread nor the worries of life.
Its table is set beyond day or night.
Then what is fasting?
It is an invitation to a secret feast.

Es costumbre para el Amor comer fe como alimento.
El Amor no persigue pan ni las preocupaciones de la vida.
Su mesa está puesta más allá del día o de la noche.
Entonces, ¿qué es el ayuno?
Es una invitación a una fiesta secreta.

We have nothing but our Essence, and it is everything. Humans think of themselves as very important. But, as one has said, "Humans are the statues of perception. They represent infinite layers of limited awareness of the totality."

This could be applied to humans, rocks, plants, animals, everything. Like them, we have a very short stop in this world, really, just a blink of an eye. We all come from nothing and return to nothing.

Many books have been written about the immortal soul, about man and the glory of the world, but nothing comparing the world of infinity with unknown Truth. We don't take this world – or God -- seriously. Our Essence is much bigger than that. It comes from infinity and goes to infinity.

No tenemos nada más que nuestra Esencia, y lo es todo. Los humanos se piensan como muy importantes. Pero se ha dicho: "Los humanos son las estatuas de la percepción. Representan capas infinitas de conciencia limitada de la totalidad."

Esto podría aplicarse a humanos, rocas, plantas, animales, todo. Al igual que ellos, tenemos una parada muy corta en este mundo, realmente, solo un abrir y cerrar de ojos. Todos venimos de la nada y volvemos a la nada.

Se han escrito muchos libros sobre el alma inmortal, sobre el hombre y la gloria del mundo, pero nada comparando el mundo del infinito con la Verdad desconocida. Nosotros no tomamos este mundo, ni a Dios, en serio. Nuestra esencia es mucho más grande que eso. Proviene del infinito y va al infinito

30.

چیزیست که در تو بے تو جویا زوست
در خاک تو ذرّیست که از کان وست
مانند کوی اسب چو کان و بست
آن داردوان دارد و آن وست

You have something that is looking for
Him without you.
A pearl which came from His mine is lying on your ground.
He is the One who is riding your horse,
And your ball in front of His club belongs to Him!
Belongs to Him!

Tienes algo que está buscándole a Él sin ti.
Una perla que vino de su mina está tirada en tu suelo.
Él es quien monta tu caballo,
¡Y tu pelota frente a su palo le pertenece!
¡Le pertenece a Él!

Our Heart is a human's special place. Everything is contained in the human heart. We know every unlimited thing in a limited way; all of it goes into a man's heart. This is why fanâ is so important: Without fanâ, people treasure unworthy things like wealth, health, fame, and beauty—all things we have to give up if we are to reach something truly worthy.

Nuestro corazón es el lugar especial de un humano. Todo es contenido en el corazón humano. Conocemos cada ilimitada cosa de manera limitada; todo va al corazón de un hombre. Por eso fanâ. es tan importante: sin fanâ., la gente atesora cosas indignas como riqueza, salud, fama y belleza: todo a lo que tenemos que renunciar para alcanzar algo realmente digno.

31.

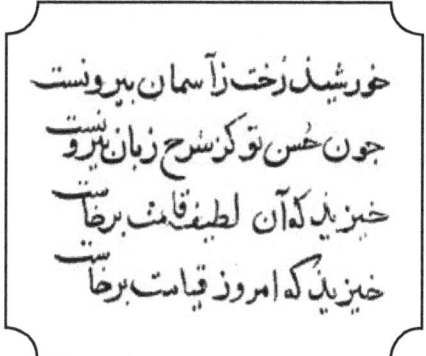

𝕭eloved, the sun of Your face doesn't fit in the skies;
Your Beauty can't be described by words.
Your Love is beyond the universe,
Yet, it made my heart its home.

𝕬mado, el sol de Tu rostro no cabe en los cielos;
Tu belleza no se puede describir con palabras.
Tu Amor está más allá del universo,
Sin embargo, hizo de mi corazón su hogar.

It's difficult to add anything to what this rubaí says. But, simply to reiterate, you can't get real knowledge from any school or book or experiment or study. Unless you annihilate your self, all knowledge you gain is false. It's not about learning; it's about unlearning.

Es difícil agregar algo a lo que dice este rubaí. Pero, simplemente para reiterar, no se puede obtener un conocimiento real de cualquier escuela o libro o experimento o estudio. A menos que aniquile su ego, todo el conocimiento que obtenga es falso.

32.

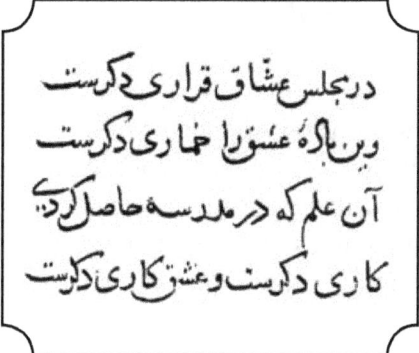

There is a different air in the gathering of Lovers,
A different drunkenness from Love's wine.
Knowledge you learned from the medrasa* is one thing,
But Love is different.

*Medrasa: Muslim theological school

Hay un aire diferente en la reunión de los amantes,
Una borrachera diferente del vino del Amor.
El conocimiento que aprendiste de la madrasa * es una cosa,
Pero el Amor es diferente.

*Madrasa: escuela teológica musulmana

People want to be handsome or beautiful, healthy, wealthy, happy. They don't care about walking on this path paved with fire. But, "healthy, wealthy, happy" is for the animal in us. In order to reach Essence, "healthy, wealthy, happy" is only the beginning.

La gente quiere ser guapa o bella, sana, rica, feliz. No les importa hacer este camino pavimentado con fuego. Pero, "saludable, rico, feliz" es para el animal en nosotros. Para alcanzar la Esencia "saludable, rico, feliz " es solo el comienzo.

33.

درنه قدم ارجه راه نی پایانست
کز دور نظاره کار نامردانست
این راه ز زندگئ دل حاصل کن
کین ز پرکئ تن صفت حیوانست

Step on the road that has no end to it.
Watching from the distance is not for a man.
Start the journey with the strength of the heart.
The body's strength is for animals.

Pisa en el camino que no tiene fin.
Mirar desde la distancia no es para un hombre.
Comienza el viaje con la fuerza del corazón.
La fuerza del cuerpo es para los animales.

Suffering is what makes the fire which burns out the unnecessary parts of you. It burns all the trash and brings out the gold. It annihilates your self and carries you to Essence.

El sufrimiento es lo que genera el fuego que quema las partes innecesarias de ti. Quema toda la impureza y saca el oro. El fuego aniquila tu ego y te lleva a la Esencia.

34.

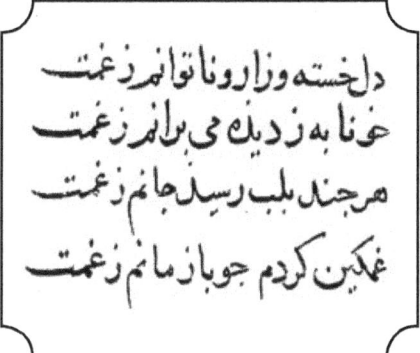

𝔍 wail and cry because of Your sorrow.
Your sorrow forces bloody tears from my eyes.
I am about to die because of Your sorrow.
But, I am sorrowful so that some day
I might be out of Your sorrow.

𝔊imo y lloro por Tu sufrir.
Tu sufrimiento saca lágrimas de sangre de mis ojos.
Estoy a punto de morir a causa de Tu sufrir.
Pero me da pena que algún día
Podría estar fuera de Tu sufrir.

In modern times, everyone talks about the importance of, "know your self." Unfortunately, to get to know your self takes you down a dead-end street. Your self keeps you in one trouble after another. To "know your Essence" is a much better term. And, you have to annihilate your self to reach your Essence.

En los tiempos modernos, todos hablan de la importancia de "conocerte a ti mismo". Desafortunadamente, conocerte a ti mismo te lleva a un callejón sin salida. Tu ego te mantiene en un problema tras otro. "Conocer tu esencia" es una meta mucho mejor. Y, tienes que aniquilar tu ego para alcanzar tu Esencia.

35.

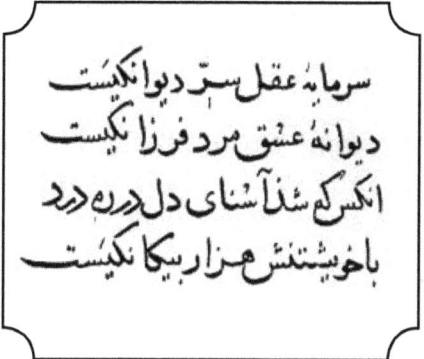

An asset of wisdom is a secret of Love's madness.
Love's insane one is the wisest man in the world.
If one learns the heart's mysteries
By the way of suffering,
He becomes a stranger a thousand times to himself.

Una baza de la sabiduría es el secreto de la locura del Amor.
El demente del Amor es el hombre más sabio del mundo.
Si uno aprende los misterios del corazón
Por el camino del sufrimiento,
Se convierte en un extraño mil veces para sí mismo.

So many people think Mevlana never mentions Absence. Yet here is his most basic statement: This business is about Absence, not existence.

Mucha gente piensa que Maulana nunca menciona Ausencia. Sin embargo, aquí está su declaración más básica: este asunto es sobre Ausencia, no existencia.

36.

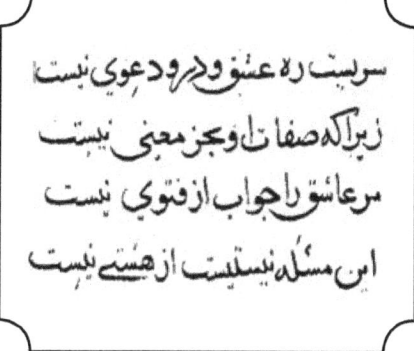

There is neither question nor answer on the way to Love,
But only a mystery.
The Lover never answers to the Fatwa.*
This is a matter of Absence, not existence.

Fatwa: Term in Islamic faith for a legal opinion or learned interpretation.

No hay pregunta ni respuesta en el camino al Amor,
mas solo un misterio.
El amante nunca responde a la Fatua*
Esto es una cuestión de Ausencia, no de existencia.

Fatua: Término en la fe islámica para una opinión legal o interpretación aprendida.

At the end of the world of existence is the world of Absence, which can only be reached by total annihilation of the self. Most readers of Mevlana and Mevlana scholars talk about Love in Rumi, but they think of it, present it in human terms. The Love Mevlana talks about is in the world of Absence, and it is far from human love. He can talk about this Love because he has reached the summit of the mountain: He is a man of Absence, not of existence.

Al final del mundo de la existencia está el mundo de la Ausencia, al que solo se puede llegar mediante la aniquilación total del ser. La mayoría de los lectores de Maulana y los eruditos en Maulana hablan sobre el amor en Rumi, pero lo piensan, lo presentan en términos humanos. El Amor del que habla Maulana está en el mundo de la Ausencia, y está lejos del amor humano. Puede hablar de este Amor porque ha alcanzado la cima de la montaña: es un hombre de Ausencia, no de la existencia.

37.

عشق تو در اطراف کیانی می‌تاخت
مسکین دلِ من دید نشانش بشناخت
روزی که دلم ز بند هستی برهد
در کتم عدم چه عشق‌ها خواهم باخت

While Your Love was riding a horse on the plains,
My heart recognized You through secret signs.
When I free myself from the bonds of existence,
What wonderful Love games my heart will play with You
In the land of Absence.

Mientras Tu amor cabalgaba en las llanuras,
Mi corazón Te reconoció a través de secretos signos.
Cuando me libere de los lazos de la existencia,
Qué maravillosos juegos de Amor jugará mi corazón contigo
En la tierra de la Ausencia.

Reason (the mind) challenges lovers. A lover is the one who is in fanâ, who is annihilating his self. This rubaí presents the dichotomy of reason and Love (ecstasy).

La razón (la mente) desafía a los amantes. Un amante es el que está en fanâ [aniquilación], que está aniquilando a su ego. Este rubaí presenta la dicotomía de la razón y el Amor (éxtasis)

38.

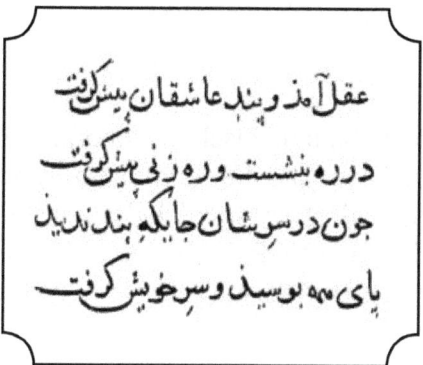

Reason came to advise the lovers.
It sat in the middle of the road
And stopped them one by one.
But, when it realized it couldn't find a place
In the minds of the lovers,
It kissed their feet and left.

La razón vino a aconsejar a los amantes.
Se sentó en el medio del camino
Y los detuvo uno por uno.
Pero, cuando se dio cuenta de que no podía encontrar un lugar
En las mentes de los amantes,
Les besó los pies y se fue.

People talk about themselves and others, but they don't know themselves and they don't know others. They talk a lot about God. They say, "God, I love you." They say, "God forbids me to do such and such." God this way, God that way. But, they don't know anything about God.

La gente habla de sí misma y de los demás, pero no se conocen a sí mismos y no conocen a los demás. Hablan mucho sobre Dios. Dicen: "Dios, te amo". Dicen: "Dios me prohíbe hacer tal y tal". Dios esto Dios lo otro. Pero, no saben nada acerca de Dios.

39.

قومی غمگین وخود مدان عم زکھاست
قومی شادان ولی خبر کان چه جا
جلدین جب وراست ی خبر از جت
جلدین من وما ست ی خبر از نروا

Sad or merry, people don't know
The source of sorrow and joy.
Some go left, some go right,
But they have no idea of left and right.
They say, "I am," and "We are,"
But they don't know who they are.

Triste o alegre, la gente no conoce
La fuente del dolor y la alegría.
Algúnos van a la izquierda, otros a la derecha,
Pero no tienen idea de lo que es la izquierda y la derecha.
Dicen "yo soy" y "nosotros somos"
Pero no saben quiénes son.

Humans are familiar with the word, "particle" because of quantum physics. This rubaí is actually far better than the Big Bang theory, far better than anything. Creation of the universes comes from Love, from Absence.

Los humanos están familiarizados con la palabra "partícula" gracias a la física cuántica. Este rubaí es en realidad mucho mejor que la teoría del Big Bang, mucho mejor que cualquier otra cosa. La creación de los universos proviene del Amor, de Ausencia.

40.

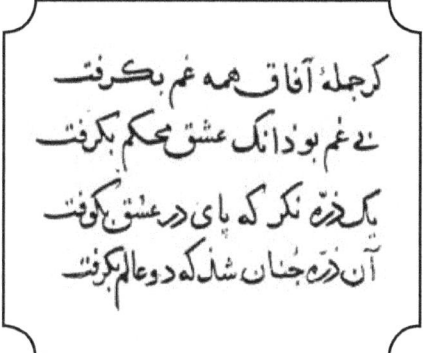

𝕴f grief covers everything,
The one who grabs Love becomes carefree.
Look at the particle: When he touched Love,
He turned into such a shape that created universes.

𝕾i el dolor lo cubre todo,
El que agarra al Amor se vuelve despreocupado.
Mira la partícula: Cuando tocó al Amor,
Se convirtió en una forma tal que creó universos.

When one reaches annihilation (fanâ), they put together good and bad, pretty and ugly, right and wrong. All the opposites merge. This is the iron face Mevlana is referring to: One reflects, one doesn't see. Unless there is a mirror, you don't see yourself. I am a mirror to you. This is it.

Cuando uno llega a fanâ [aniquilación], une lo bueno y lo malo, lo bonito y lo feo, lo correcto y lo incorrecto. Todos los opuestos se fusionan. Esta es la cara de hierro a la que Maulana se refiere: uno refleja, uno no ve. A menos que haya un espejo, no te ves a ti mismo. Soy un espejo para ti. Eso es todo.

41.

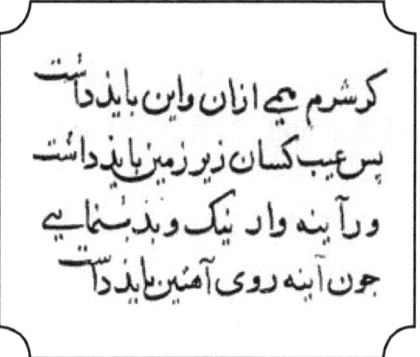

If someone is ashamed of this and that,
That someone has to bury people's faults underground.
In order to reflect good and evil like a mirror,
You must have an iron face like a mirror.

Si alguien se avergüenza de esto y aquello,
Ese alguien tiene que enterrar las faltas de la gente bajo tierra.
Para reflejar el bien y el mal como un espejo,
Debes tener una cara de hierro como un espejo.

From the beginning of life, everybody has desires, and they go in every direction to satisfy those desires, to get all the pleasures out of their life. But, the real source of desire, of pleasure is unknown.

Desde el comienzo de la vida, todos tienen deseos, y van en todas las direcciones para satisfacer esos deseos, para obtener todos los placeres de su vida. Pero, la verdadera fuente del deseo, del placer es desconocida.

42.

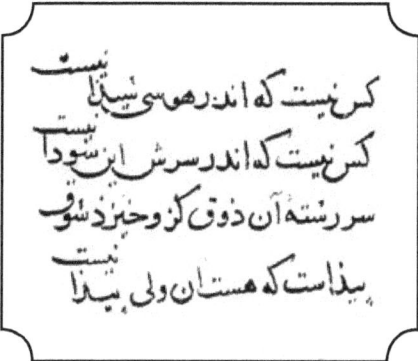

Everyone is crazy with some desire;
There is a love in everyone's head.
The pleasure that creates the yearning is obvious,
But the source of the pleasure is obscure.

Todos están locos con algún deseo;
Hay un amor en la cabeza de todos.
El placer que crea el anhelo es obvio,
Pero la fuente del placer es oscura.

Left and right represent the stage of dualistic perception. In non-dualistic perception, there is no left or right.

Izquierda y derecha representan la etapa de la percepción dualista. En la percepción No Dual, no hay izquierda o derecha.

43.

> كفتندكه سن جهت همه نور حلاست
> فرياد زخلق خاست كان نور كجاست
> بيكا نه نظر كرد هر سوجب و راست
> كفتند دى نظر بكن بى جب و راست

They said: "God's brilliance
Shines from six dimensions."
People cried and asked: "Where is the light?"
Then, the people looked to the left and the right.
"One second," they said again,
"Look at it, but without left or right."

Dijeron: "El brillo de Dios
resplandece desde seis dimensiones.
La gente gritó y preguntó: "¿Dónde está la luz?"
Entonces, la gente miró a la izquierda y a la derecha.
"Un segundo", dijeron de nuevo,
"Miradla, pero sin izquierda ni derecha".

Soul's sugar is very unique. Nobody would ever expect an animal to appreciate it.

El azúcar del alma es muy singular. Nadie esperaría nunca que un animal la aprecie.

44.

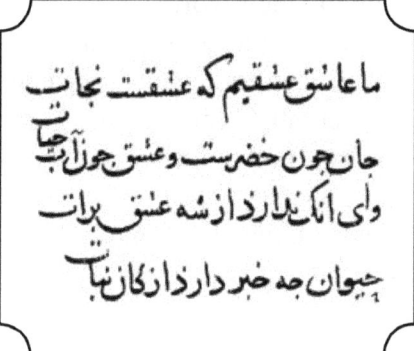

We are the lovers of Love; Love is our salvation.
Soul resembles Hizir*; Love, the water of Life.
Alas to one who is not decorated by the Sultan of Love.
How does an animal know soul's sugar?

*Hizir: A legendary Godsend who attained immortality by drinking from the water of life; comes to aid in a critical moment.

Somos los amantes del Amor; Amor es nuestra salvación.
El Alma se asemeja a Hizir *; Amor, el agua de la vida.
Por desgracia para alguien que no está condecorado por el Sultán del Amor.
¿Cómo conoce un animal el azúcar del alma?

*Hizir: un legendario enviado divino que alcanzó la inmortalidad bebiendo del agua de la vida; viene a ayudar en un momento crítico.

A person who reaches their Essence is not world-hungry; they are obliged to God. The one who is blessed with the glory of finding Essence is born like that, is made like that, is obliged to God from birth.

Some people are obliged to money, to fame, to beauty, to God time-by-time. They are born like that, and they are happy traveling in their world.

One who is completely obliged to God doesn't read books, listen to lectures, or go to school to find their Essence. They climb the mountain.

Reaching baka (nothingness) is the end of fanâ (annihilation). It is "as if it were not" (ke-en lem yekün). You have to be completely obliged to God to get there.

Una persona que alcanza su Esencia no tiene hambre del mundo; están obligados a Dios. El que es bendecido con la gloria de encontrar la Esencia nace así, se hace así, está obligado a Dios desde el nacimiento. Algúnas personas están obligadas al dinero, a la fama, a la belleza, a Dios, de vez en cuando. Nacen así, y son felices viajando en su mundo. Quien está completamente obligado a Dios no lee libros, escucha conferencias o va a la escuela para encontrar su esencia. Ellos escalan la montaña. Llegar a *baka* [nada] es el fin de fanâ [aniquilación]. Es *ke-en lem yekün* ["como si nunca hubiera sido"]. Tienes que estar completamente obligado a Dios para llegar allí.

45.

مر وصل ترا هزار صاحب هوس راست
تا خود بوصال تو کرا نست دست
انکس که بیافت راحتی یافت تمام
و آن کس که نیافت رنج نا یافت

Thousands are eager to find You,
But unless You give them Your hand,
No one can reach You.
The one who finds You will gain Your compassion.
The one who does not will be happy
With the trouble of searching for You.

Miles están ansiosos por encontrarte,
Pero a menos que Tú les des tu mano,
Nadie puede alcanzarte.
El que te encuentre se ganará tu compasión.
Quien no, será feliz con la angustia de buscarte.

This rubaí may sound like existential monism, but it is actually more than that. So many people talk about the union of existence, but existence is a very low-grade concept. This rubaí is a semi-earthly rubaí. Often when Mevlana finds himself saying things that may sound strange to people, he likes to excuse himself, letting them know that it is God saying them.

Este rubaí puede sonar como monismo existencial, pero en realidad es más que eso. Mucha gente habla de la unión de la existencia, pero la existencia es un concepto de muy bajo grado. Este rubaí es semi-terrenal. A menudo, cuando Maulana se encuentra diciendo cosas que pueden sonar extrañas para la gente, le gusta disculparse, haciéndoles saber que es Dios quien las dice.

46.

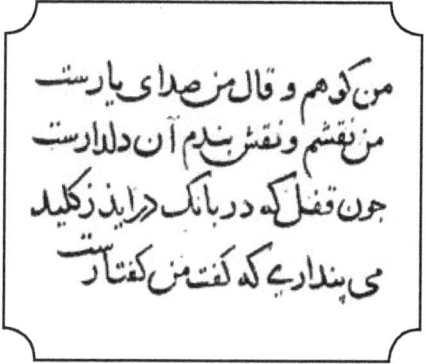

I am a mountain; I am echoing the Beloved.
I am a painting; that Beloved is my painter.
Do you think all these words I've said belong to me?
No, they are the sound of the key turning in the lock.

Soy una montaña; me hago eco del Amado.
Soy una pintura; ese Amado es mi pintor.
¿Crees que todas estas palabras que he dicho me pertenecen?
No, son el sonido de la llave girando en la cerradura.

Annihilation of self (fanâ) is poverty in every way. Poverty owns everything.

La aniquilación de uno mismo es pobreza en todos los sentidos. La pobreza lo posee todo..

47.

نکرفت دلت زانک ترا دل نکرفت
انراکه کرفت دل عم کل نکرفت
باری کلمن جز صفت دل نکرفت
بی حاصلیم خُزده حاصل نکرفت

$\mathfrak{S}$ince you didn't take care of the heart,
It didn't hold your hands, and you didn't get a fair share of Love.
You can't love just anyone!
When the heart holds a person's hands,
That person won't fall in the mud of lowly desires.
Not even once did my rose get its smell or color
From anyone but heart.
I have nothing in my hand,
But this poverty made me own everything.

$\mathfrak{C}$omo no cuidaste el corazón,
No te tomó de las manos y no recibiste una buena cantidad de Amor.
¡No puedes amar a cualquiera!
Cuando el corazón toma las manos de una persona,
Esa persona no caerá en el lodo de los bajos deseos.
Ni una sola vez mi rosa consiguió su olor o color
De nadie más que del corazón.
No tengo nada en la mano
Pero esta pobreza me hizo dueño de todo.

Quantum physics accepts this concept.

La física cuántica acepta este concepto.

48.

هر ذره که در هوا و در کبوا نست
بر ما همه گلشنت و سبستانست
هر جند که زر زر از اهنای کانست
هر قطره طلسمیست در و عمانست

𝕰very particle in the air is an apple orchard
And a rose garden to us.
Though gold comes from gold mines,
There is a golden spell in every drop
That conceals an ocean.

ℭada partícula en el aire es un huerto de manzanos
Y un jardín de rosas para nosotros.
Aunque el oro proviene de minas de oro,
Hay un hechizo dorado en cada gota
Que esconde un océano.

A semi-earthly rubaí in which Mevlana explains that his capacity cannot cover everything.

Un rubaí semi-terrenal en el que Maulana explica que su capacidad no puede abarcarlo todo..

49.

هر روز دل مرا سماع وطر بیست
می کوید حسنت که بروں بزمه ابست
کوید جراحوری نوبا بنج انکشت
زیرا انکشت بنج آمد شش نیست

I have a joyous, pleasurable sema every day in my heart.
But, His beauty tells me, "Don't stop there. Go further."
Some people ask me, "Why do you eat with five fingers?
Because I only have five fingers, not six.

Tengo un sema alegre y placentero todos los días en mi corazón.
Pero, Su belleza me dice: "No te detengas allí. Ve más allá.
Algúnas personas me preguntan: "¿Por qué comes con cinco dedos?
Porque solo tengo cinco dedos, no seis.

Our worship of God through actions like prayer, good works, sacrifices, rituals and anything else actually represents our efforts to bribe God. We want God to take care of us in this world and in heaven. But, God doesn't have anything to do with that. For God, a lame donkey and a strong horse are the same. Mevlana says that anyone who annihilates their self and reaches fanâ will see that. This rubaí will probably disappoint a lot of people.

Nuestra adoración a Dios a través de acciones como la oración, las buenas obras, los sacrificios, los rituales y cualquier otra cosa representan nuestros esfuerzos por sobornar a Dios. Queremos que Dios nos cuide en este mundo y en el cielo. Pero, Dios no tiene nada que ver con eso. Para Dios, un burro cojo y un caballo fuerte son lo mismo. Maulana dice que cualquiera que se aniquile a sí mismo y llegue a *fanâ* lo verá. Este rubaí probablemente decepcionará a mucha gente..

50.

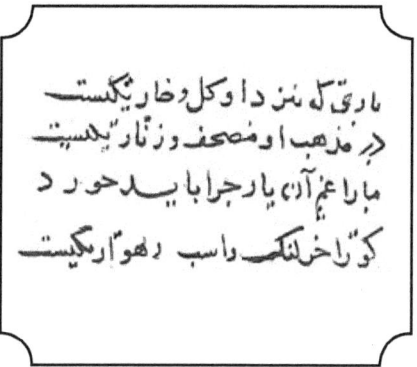

He is such a Beloved that a rose and a thorn
Are the same for Him.
In His religion, the Koran and the Bible are the same.
Don't try to impress Him.
A lame donkey and a fleet of horses are the same for Him.

Él es tal Amante que una rosa y una espina
Son lo mismo para él.
En Su religión, el Corán y la Biblia son lo mismo.
No trates de impresionarlo.
Un burro cojo y la caballería son lo mismo para Él.

This very earthly rubaí represents the bottom of the mountain. The lover and Beloved are separated and personalized. One of the lover's eyes is very much involved with the Beloved, while the other is not. At the Summit, Lover and Beloved are the same.

Este rubaí muy terrenal representa la parte inferior de la montaña. El amante y el Amado están separados y personalizados. Uno de los ojos del amante está muy involucrado con el Amado, mientras que el otro no. En la Cumbre, amante y Amado son lo mismo.

51.

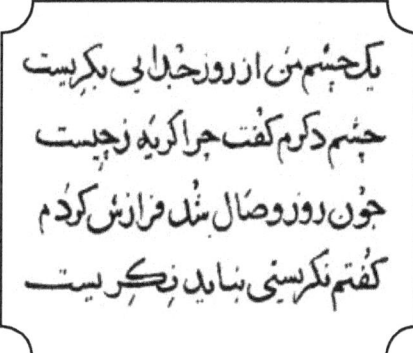

On the day of separation, one of my eyes was crying.
"Why are you crying?" the other eye asked.
At union, the wet eye said to the dry one:
"Don't look at the Beloved. You don't deserve it."

El día de la separación, uno de mis ojos estaba llorando.
"¿Por qué lloras?", Preguntó el otro ojo.
En la unión, el ojo húmedo le dijo al seco:
"No mires al Amado. No te lo mereces ".

Another bottom-of-the mountain rubaí. Mevlana is trying to be excused because of his wine drinking. As he says, however, the wine he drinks is not from grapes.

Otra rubaí desde la base de la montaña. Maulana está tratando de disculparse por beber vino. Sin embargo, como él dice, el vino que bebe no es de uvas..

52.

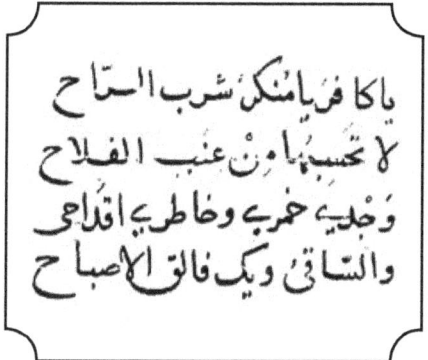

O one, who denies my wine-drinking,
Don't think that the wine is coming from grapes.
My enthusiasm is my wine; my heart is my glass.
My cupbearer is the One
Who illuminates the darkness every morning.

Oh, quien critica mi consumo del vino,
No pienses que el vino proviene de las uvas.
Mi entusiasmo es mi vino; Mi corazón es mi copa.
Y el copero es el Uno
Es quien ilumina la oscuridad cada amanecer.

This rubaí has a similar message to another rubaí in which God advises his prophet not to sit next to anyone except lovers.

Este rubaí tiene un mensaje similar a otro rubaí en el que Dios aconseja a su profeta que no se siente junto a nadie, excepto junto a los amantes.

53.

آنجا بنشین که منشین مردانند
تا دود کدورت ترا بنشانند
اندیشه مکن بعیب ایشان کایشان
زان پیش که اندیشه کنی دانند

Sit next to God's lovers.
They will clear your confusion
And clean the smoke of your sorrow.
Don't ever think badly about them,
Because they will know your thoughts
Before you think them.

Siéntate junto a los amantes de Dios.
Ellos aclararán tu confusión
Y limpia el humo de tu tristeza.
Nunca pienses mal de ellos,
Porque ellos sabrán tus pensamientos
Antes de que los pienses.

A rubaí from the bottom of the mountain in which Mevlana presents some earthly findings.

Un rubaí desde el pie de la montaña en el que Maulana presenta algúnos hallazgos terrenales.

54.

آن را که به علم و عقلاً فراشته اند
آن را بحساب روزی انگاشته اند
آن را که سراز عقل تهی داشته اند
از مال جای آن در انباشته اند

When fate gives knowledge and intelligence to someone,
It cuts his sustenance and makes him poor.
It fills the ignorant with wealth instead of wisdom,
And turns him into a storehouse or a granary.

Cuando el destino le da conocimiento e inteligencia a alguien,
Corta su sustento y lo hace pobre.
Llena a los ignorantes de riqueza en lugar de sabiduría,
Y lo convierte en un almacén o en un granero.

When someone is presented with wisdom they don't understand, they don't listen. Rather than subjecting them to boredom, they simply aren't invited back. An earthly rubaí.

Cuando a alguien se le presenta sabiduría que no entiende, no escucha. En lugar de someterlo al aburrimiento, simplemente no vuelve a ser invitado. Un rubaí terrenal.

55.

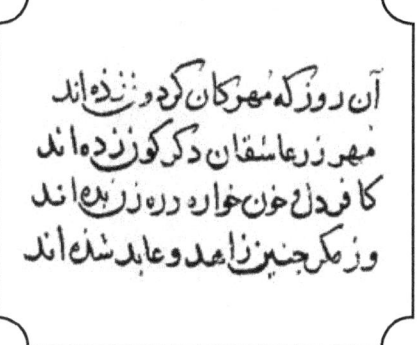

When they arranged and appraised the world,
They put a different seal on the lover's gold.
You'll never understand this business,
Because the most valuable treasure was tossed out
From the palace of mind.

Cuando arreglaron y evaluaron el mundo,
Pusieron un sello diferente en el oro del amante.
Nunca entenderás esto,
Porque el tesoro más valioso fue arrojado
Del palacio de la mente.

Everybody is looking for a special male or female friend who is made out of mud, out of clay. If they find one, they'll like him or her, love him or her. That's fine. But, if they would find somebody who is not made out of mud, is divine, they would be happier. I believe that Mevlana is referring to Shams in this rubaí.

Todo el mundo está buscando un amigo masculino o femenino especial que esté hecho de barro, de arcilla. Si encuentran uno, les gustará, lo amarán. Está bien. Pero, si encontraran a alguien que no esté hecho de barro, que sea divino, serían más felices. Creo que Maulana se refiere a Shams en este rubaí.

56.

> انکس که زآب وکل نگاری دارد
> روزی بوصال او قراری دارد
> ای نادر انک زآب وکل بیرون شد
> کوجون تو غریب شهریاری دارد

When someone who came from mud suddenly finds
A beloved who also came from mud,
He calms down and becomes happy.
But the best is the one who comes from mud,
Finds the Divine Beloved and attains His Love.

Cuando alguien que vino del barro de repente encuentra
Un amante que también vino del barro,
Se calma y se vuelve feliz.
Pero mejor es que el que viene del barro,
Encuentre al Amado Divino y alcance Su Amor.

This is a very earthly rubaí. It counsels people not to look for wealth, fame, power.

Este es un rubaí muy terrenal. Aconseja a la gente que no busque riqueza, fama, poder..

57.

آنکس که ز جرخ نیم نانی دارد
و ز بهر مقام آشیانی دارد
نی طالب کس بود نه مطلوب کسی
کوشاد بزی که خوش جهانی دارد

The one who has half a loaf of bread
And a small place to stay,
The one who asks no one and is asked by no one,
He is the happiest, because he lives with Your joy
And has the best of the worlds.

El que tiene media barra de pan
Y un pequeño lugar para quedarse,
El que no le pide a nadie y nadie le pide,
Él es el más feliz, porque vive con tu alegría.
Y tiene lo mejor de los mundos.

This rubaí is from the middle of the mountain, half earthly, half divine. It's impossible to change your destiny. Once you get on this path, you'll stay on it. Sometimes, you'll want to quit and become earthly, but it's impossible. There are secret pursuers that want to keep you on the path.. Sooner or later you realize that this path is your destiny and theirs, too.

Este rubaí es desde la mitad de la montaña, mitad terrenal, mitad divino. Es imposible cambiar tu destino. Una vez que te encuentras en este camino, te mantendrás en él. A veces, querrás abandonarlo y convertirte en terrenal, pero es imposible. Hay *perseguidores secretos* que quieren mantenerte en el camino. Tarde o temprano te das cuenta de que este camino es tu destino y el de ellos también

58.

آنها که شب و روز ترا براثرند
صیاد نهاند ولی مختص اند
با هرکه بسازی توازانت ببرند
کز تو نروی کشان کشانت ببرند

𝔜ou don't know it, but there is someone
Who is watching you day and night.
There are invisible, secret pursuers.
They don't show you their intention,
And they separate you from the One
So that you feel all alone.
And, if you don't go out of yourself, they will drag out.

𝔑o lo sabes, pero hay alguien
Que te está vigilando día y noche
Hay perseguidores invisibles y secretos.
No te muestran su intención,
Y te separan del Uno
Para que te sientas solo.
Y, si no sales de ti mismo, te arrastrarán.

This rubaí comes from way, way up the mountain. Mevlana is becoming detached from the world. He is feeling the warmness of Love, annihilation, fanâ. His exuberance is Love, and it makes him forget shame and blame. This is the way it feels.

Este rubaí viene de camino, muy arriba de la montaña. Maulana se está separando del mundo. Siente la calidez del amor, *fanâ* [aniquilación]. Su exuberancia es amor, y le hace olvidar la vergüenza y la culpa. Así se siente.

59.

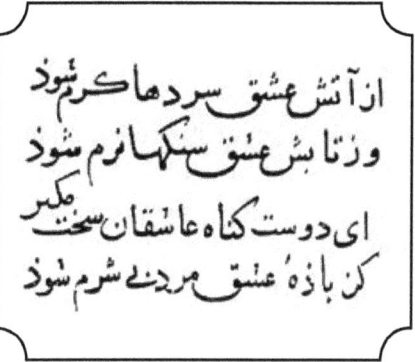

Love's fire warms cold hearts and melts stones.
Forgive lovers for their sins, O friend!
A man becomes shameless
When he drinks Love's wine.

El fuego del amor calienta los corazones fríos y derrite las piedras.
Perdona a los amantes por sus pecados, ¡oh amigo!
Un hombre se vuelve desvergonzado
Cuando bebe el vino de Amor.

𝔄 reminder that patience is needed on the journey. Truth doesn't come like a bolt of lightning. The journey to Truth is like untangling a ball of tangled silk thread: It takes a long, long time. It is not a business of imprudence or impatience.

𝔘n recordatorio de que se necesita paciencia en el viaje. La verdad no viene como un rayo. El viaje a la Verdad es como desenredar una bola de hilo de seda enredado: lleva mucho, mucho tiempo. No es un asunto de imprudencia o impaciencia.

60.

از جانب عشق اگر رسولان نبود
این روی نیز بر کان و کولان نبود
عشق تو جواب ریشم درهم شدناست
نقّادئ آن کار ملولان نبود

If messengers didn't bring help from Love
How could the smart one and the fool sustain themselves?
Your Love is like a tangled silk ball,
Not for the impatient to untie.

Si los mensajeros no trajeron ayuda del Amor
¿Cómo podrían sostenerse el inteligente y el tonto?
Tu amor es como una bola de seda enredada
No es para que los impacientes la desaten.

Another rubaí about the importance of prudence and patience.

Otro rubaí sobre la importancia de la prudencia y la paciencia..

61.

از شکرای جان کدا راسازند
وز برگ درخت توت دیبا سازند
آهسته کن شتاب صبری بنمای
کز غوره بروز کار حلوا سازند

O my soul, they found the way
To make sugar out of sugarcane.
They weave silk from the matter of mulberry leaves.
Be patient; Bitter grapes
Become halva* with time.

*Halva: Sweetmeats

Oh alma mía, encontraron la manera
Para hacer azúcar con caña de azúcar.
Tejen seda a partir de hojas de morera.
Se paciente; Uvas amargas
Serán halva* con el tiempo.

*Halva: Golosina

F anâ doesn't happen all at once, at one time. At the beginning, the one who annihilates their self feels fanâ come and go. Eventually it becomes permanent. In this rubaí, Mevlana is sharing a good day when he is experiencing fanâ before it has become permanent.

F anâ no ocurre de una vez, en un momento. Al principio, quien aniquila su yo, siente *fanâ* ir y venir. Eventualmente llega a ser permanente. En este rubaí, Maulana comparte un buen día cuando está experimentando *fanâ* antes de que llegue a ser permanente.

62.

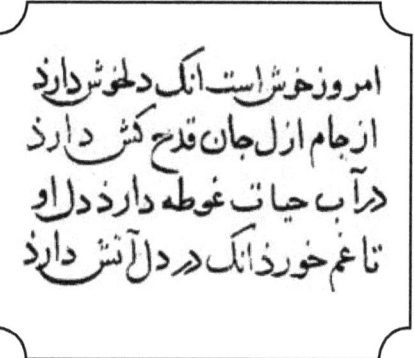

Today is a fine day, a happy and cheerful one.
He who has soul drinks wine from the glass of eternity.
His heart swims in the water of life.
The one who carries the fire of Love in his heart
Doesn't care what happens around him.

Hoy es un buen día, feliz y alegre.
El que tiene alma bebe vino de la copa de la eternidad.
Su corazón nada en el agua de la vida.
El que lleva el fuego del amor en su corazón.
No le preocupa lo que pase a su alrededor.

Another rubaí from way, way up the mountain. The Love in this poem is far different from human, symbolic love. A human has intelligence, or mind, but when their transformation is complete, this mind is replaced by Love.

Otro Rubaí desde muy, muy alto en la montaña. El Amor en este poema es muy diferente del amor humano y simbólico. Un humano tiene inteligencia, o mente, pero cuando su transformación es completa, esta mente es reemplazada por el Amor..

63.

اسبُ ساقی یمشک می کردان کرد
دِل یما بُردودست،َدرامان کرد
جندان می لعل ریخت تا طوفان کرد
یکباره وتا وعقل را ویرآن کرد

The cupbearer is serving wine not by glasses,
But by pitchers tonight.
He has plundered every heart and is now looking at faiths.
He has served so much wine
That a flood has taken away the house of mind.

El copero sirve vino no por copas,
Sino por jarras esta noche.
Ha robado todos los corazones y ahora está mirando a las creencias.
Ha servido tanto vino
Que una inundación se ha llevado la casa de la mente.

Science and discussion don't get you anywhere near the Truth. You have to go through annihilation – through the door of Absence – to get to Truth. You have to flutter where His birds are. Everything else is gossip.

La ciencia y la discusión no te acercan a la verdad. Tienes que pasar por la aniquilación, - a través de la puerta de la Ausencia, para llegar a la Verdad.- Tienes que revolotear donde están Sus pájaros. Todo lo demás son chismes.

64.

اى دل ازرہ بقیل وقالت ندهند
جز برد رنیستی وصالت ندهند
وانکاہ دران هواکہ مرغان ءاند
تا با پروبالی پروبالت ندهند

O heart, you go nowhere on this road by talk and gossip.
You can't reach the Beloved
Unless you pass through the door of Absence.
If you don't flutter your wings where His birds fly,
They don't give out wings, O heart.

Oh corazón, no vas a ninguna parte en este camino hablando y cotilleando.
No puedes alcanzar al Amado
A menos que pases por la puerta de la Ausencia.
Si no agitas tus alas donde vuelan Sus pájaros,
No te dan alas, oh corazón.

Humans have the qualities of water and mud, but they are actually more than that. If a human stays with their human perception, they will stay in the cycle of time, of day and night. The ones who realize this will start the journey of annihilation of self and eventually wake up from the cycle. Otherwise, they'll be sleeping day and night.

Los humanos tienen las cualidades del agua y el barro, pero en realidad son más que eso. Si un ser humano se queda con su percepción humana, se quedará en el ciclo del tiempo, del día y de la noche. Los que se den cuenta de esto comenzarán el viaje de la aniquilación de sí mismos y eventualmente despertarán del ciclo. De lo contrario dormirán día y noche.

65.

ای قومَ که بر ترْ زِمه و مِتا نبیـد
از هَستی آب و کل جرامی نابید
ای اهل خرابات که در عرفا بید
خیز بد که رود و شب خرا در خوابید

O humans, who are better than moon and moonlight,
You've been created from water and mud,
But you are better than them!
Why are you stuck in the mud?
O drunks of this tavern, why are you submerged in water?
Why do you sleep day and night? Wake up!

Oh humanos, son mejores que la luna y la luz de la luna,
Has sido creado de agua y barro,
¡Pero tú eres mejor que ellos!
¿Por qué estás atascado en el barro?
Oh borrachos de esta taberna, ¿por qué están sumergidos en el agua?
¿Por qué duermes día y noche? ¡Despierta!

Quantum physicists have shown the world the movement, the rotation of atoms, protons, nuclei. Everyone, everything, every particle is turning in this divine rotation.

Los físicos cuánticos han mostrado al mundo en movimiento, la rotación de átomos, protones, núcleos. Cada persona, cada cosa, todo, cada partícula está girando en esta rotación divina.

66.

این سر که درین سینه ما می گردد
از گردن او چرخ دو تا می گردد
بی سر دان زیرا که بی پای و سر
اندر سر و پا بی سر و پا می گردد

There is a secret in our hearts that keeps turning.
It is the reason for the movement of every creature;
Even the whirling sky depends on it.
That secret doesn't distinguish head from feet;
It keeps turning without heads and feet.

Hay un secreto en nuestros corazones que sigue girando.
Es la razón del movimiento de toda criatura;
Incluso el cielo giratorio depende de ello.
Ese secreto no distingue la cabeza de los pies;
Sigue girando sin cabeza ni pies.

A rubaí that talks about both the human and the divine. It is an earthly rubaí from the bottom of the mountain.

Una rubayat que habla de lo humano y lo divino, es una rubayat desde el pie de la montaña.

67.

بس درهّا لها کان ملح درد شود
بس دولتها که روی ازان زرد شود
خوش حال آن بود کزان کرم شوی
خوش آن بنود که کرم ازو سرد شود

There are remedies that are worse than troubles.
There are riches that can make you poor and destitute.
The fire of God warms you and fills you with joy,
But the fire of that beauty turns you ice cold.

Hay remedios que son peores que los problemas.
Hay riquezas que pueden hacerte pobre e indigente.
El fuego de Dios te calienta y te llena de alegría,
Pero el fuego de esa belleza te vuelve frio como el hielo

Everything starts with smell. Everyone is obliged to something: Those obliged to money and beauty smell money and beauty right from the beginning. If somebody isn't born obliged to God, they'll be very earthly. And, everything earthly dies and is forgotten.

In any and every case, this smell is a passive attraction. If somebody is born obliged to God, they need to start the journey and be actively involved in it. The world-hungry will not follow this path.

Todo comienza con el olor. Todos están obligados a algo: los obligados al dinero y la belleza huelen dinero y belleza desde el principio. Si alguien no nace obligado a Dios, será muy terrenal. Y todo lo terrenal muere y es olvidado.

En cualquier caso, este olor es una atracción pasiva. Si alguien nace obligado a Dios, debe comenzar el viaje y participar activamente en él. El hambriento de mundo no seguirá este camino.

68.

بدیت آمد کرین بادوی نماند
برهین وکدین جز بذان سوی نماند
از بوی تو رنگ وبوی مامی دزدید
تاکار جنان شد که زما بوی نماند

Once I got Your smell, I was forced to go Your way.
My color and scent were stolen by Your smell.
I was annihilated at the end,
And nothing was left of me, not even a smell.

Una vez que percibí tu fragancia, me vi obligado a seguir tu camino.
Mi olor y mi color fueron robados por Tu fragancia.
Fui aniquilado al final,
Y nada quedo de mí, ni siquiera un olor.

This rubaí focuses on the role of suffering on the path of annihilation (fanâ).

Este rubaí está enfocado en el papel del sufrimiento en el camino de la aniquilación *(fanâ)*.

69.

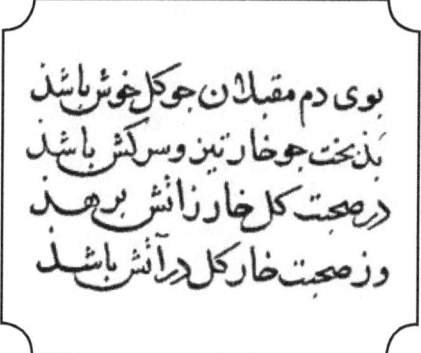

Exuberant people smell like roses;
Timid ones resemble thorns.
The thorns are not thrown into the fire
Just because they are with a rose.
But, the rose remains in the fire
Because of its proximity to the thorns.

Las gentes exuberantes huelen a rosas;
Los tímidos parecen espinas.
Las espinas no son arrojadas al fuego
Solo porque están con una rosa.
Pero la rosa permanece en el fuego.
Por su proximidad a las espinas.

Without this kind of Love, there would be nothing on earth. Human, symbolic love makes us more earthly, more attached to the earth. You say you love a lot of earthly things, including God. The personification of God is very earthly. How can you love something you don't know? So many people think that the Love Mevlana talks about in so many of his poems is Sham's love or God's Love or someone else's love. It's not. It's very different than all of that.

Sin este tipo de amor, no habría nada en la tierra. El amor humano y simbólico nos hace más terrenales, más apegados a la tierra. Dices que amas muchas cosas terrenales, incluyendo a Dios. La personificación de Dios es muy terrenal. ¿Cómo puedes amar algo que no conoces? Mucha gente piensa que el Amor del que Maulana habla en muchos de sus poemas es el amor a Sham* o el Amor de Dios o el amor de otra persona. No lo es. Es muy diferente a todo eso.

Shams de Tebriz conoció a Rumi en Konya, Turquía, cuando Rumi tenía más de 60 años. Desde el momento en que se conocieron, la vida de Rumi se convirtió en la historia de la aniquilación, del ser al no ser, de la existencia a la no existencia. Pasaron tres años juntos antes de que Shams desapareciera.

70.

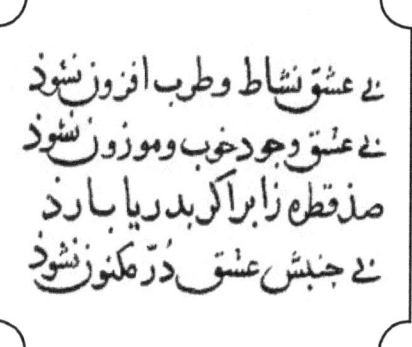

There would be no joy or happiness without Love,
No beauty, no harmony in existence.
If even hundreds of raindrops
Fell from the clouds to the sea,
None would conceive a pearl without Love.

No habría alegría o felicidad sin Amor,
Sin belleza, sin armonía en la existencia.
Si incluso cientos de gotas de lluvia
Cayeron de las nubes al mar
Nadie concebiría una gota sin Amor.

Mevlana has so many rubaís from the summit of the mountain in which he excuses himself, warning readers that these are not his words, but rather words coming through him. He has completed his transformation, but he is still on earth, living, talking, walking as a human; he has to have this protection.

Maulana tiene muchos rubayats desde la cima de la montaña en la que se excusa, advirtiendo a los lectores que estas no son sus palabras, sino palabras que le llegan. Ha completado su transformación, pero todavía está en la tierra, viviendo, hablando, caminando como humano; Él tiene que tener esta protección.

71.

بے من زدھان من سخن می اید
من بے خبرم کہ انکہ می فرمایٔد
زھرو سکر ارزوی من ہے اید
زایٔد چہ داند کہ کرامی ساید

The words from my mouth don't belong to me.
Although I talk with His words, I am not aware of them.
Do you think this poison or sugar is under my control?
Although they come from my heart,
I don't know to whom they belong.

Las palabras de mi boca no me pertenecen.
Aunque hablo con Sus palabras, no soy consciente de ellas.
¿Crees que este veneno o azúcar está bajo mi control?
Aunque vienen de mi corazón,
No sé a quién pertenecen.

Absence and the self are described so beautifully: If a person stays with their self, they're not going to go anywhere; they'll become nothing more than a morsel for the ground. Self is a hair in the eye, a thorn in the foot, a stain in the soul. Only if you go through your self, only then will you get to "You without you." Anyone who wants to know Mevlana should read and re-read this rubaí.

Ausencia y el yo se describen tan bellamente: si te quedas contigo mismo, no irás a ningún lado; te convertirás en nada más que un bocado para el suelo. El yo es un pelo en el ojo, una espina en el pie, una mancha en el alma. Solo si pasas a través de ti mismo, solo entonces llegarás a un "Tú sin ti". Cualquiera que quiera conocer a Maulana debería leer y releer este rubaí.

72.

تا تو خودی ترا خود را دهند
چون نیست شدی ز دیده بیرون نهند
جز پاک آبی زهر دو عالم بیرون
آنگه نشان فقر انگشت نهند

They will not allow you to go inside of yourself
While you keep staying with yourself.
Only if you annihilate the self
Will they keep you in their eyes and hearts.
Only if you give up both worlds
Will they stamp you with the seal of Absence.

No te permitirán entrar dentro de ti
Mientras te quedas contigo mismo.
Solo si aniquilas el yo
Te mantendrán en sus ojos y corazones
Solo si renuncias a ambos mundos
Te sellarán con el sello de la Ausencia

Here Mevlana gives a good description of his biography. He was nobody until Love flared up in his heart. At that point, everything was burned to ashes through self-annihilation. He became poems and gazels and rubaís. He became Mevlana.

Maulana da una buena descripción de su biografía. No era nadie hasta que el Amor estalló en su corazón. En ese momento, todo se convirtió en cenizas a través de la auto aniquilación. Se convirtió en poemas, odas y rubayats. Se convirtió en Maulana..

73.

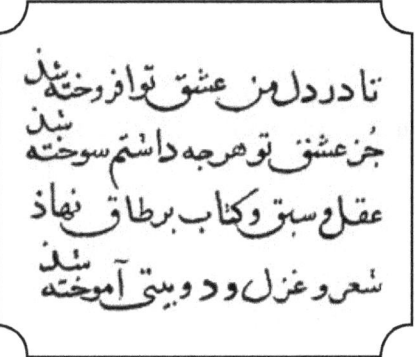

🕮 Beloved, when Your Love flared up in my heart,
Everything else was burned to ashes.
My heart put mind, books, and lessons on the shelf,
Learned poems, gazels, and rubaís.

🕮 h Amado, cuando tu Amor prendió en mi corazón,
Todo lo demás fue quemado hasta las cenizas.
Mi corazón puso mente, libros y lecciones en el estante,
Aprendió poemas, odas y rubaís.

A very earthly rubaí from the bottom of the mountain. The soul is incarnated in the body, which is made from the four elements of the earth: air, water, earth and fire. Being so close to these four elements makes the soul soiled and dirty. We need to get out so we no longer have such bad neighbors.

Rubaí muy terrenal desde el pie de la montaña. El alma se encarna en el cuerpo, que está hecho de los cuatro elementos de la tierra: aire, agua, tierra y fuego. Estar tan cerca de estos cuatro elementos hace que el alma esté manchada y sucia. Necesitamos salir para dejar unos vecinos tan malos.

74.

تا گوهر جان در دین طبایع افتاد
همسایه شدند و باوی ارجانیشا
زانگور بد انگور کز بن رنگ گرفت
همسایه بد خدای کسرا مدهاد

After a soul comes into a body,
It becomes a neighbor of four elements:
Air, water, earth and fire.
Just like a good grape gets color from a bad one,
A soul imitates the four elements.
May God give no one bad neighbors!

Después de que un alma entra en un cuerpo,
Se convierte en vecino de cuatro elementos:
Aire, agua, tierra y fuego.
Al igual que una buena uva adquiere color de una mala,
Un alma imita los cuatro elementos.
¡Que Dios no le dé a nadie malos vecinos!

Very earthly.

Muy terrenal

75.

تنها مسرو که ره زنان بسیارند
یک جان داری و خصم جان بسیارند
خصم جان را جان وجهان‌ که خوانی
چون تو کولان در این جهان بسیارند

Don't travel alone on this road;
There are lots of brigands.
You are only one and the enemies are many,
And you call them friends.
In this world there are as many fools as you.

No viajes solo en este camino;
Hay montones de bandidos.
Eres solo uno y los enemigos son muchos,
Y los llamas amigos.
En este mundo hay tantos tontos como tú

This rubaí provides an excellent description of annihilation of self.

Este rubaí proporciona una excelente descripción de la aniquilación del yo.

76.

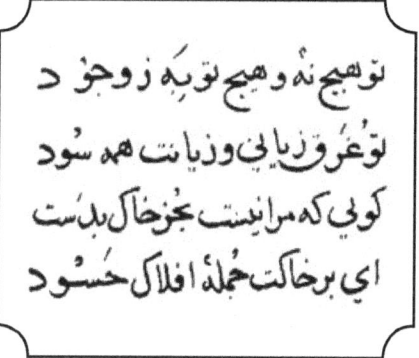

 ou are nothing.
But, this nothingness is better than existence.
You are lost in losses, but your loss is better than gain.
"I have nothing but a handful of dust," you said.
But, the skies are envious of that dust.

Eres nada.
Pero, esta nada es mejor que la existencia.
Estás perdido en pérdidas, pero tu pérdida es mejor que la ganancia.
"No tengo nada más que un puñado de polvo", dijiste.
Pero, los cielos envidian ese polvo.

Another excellent description of annihilation of self. Talking doesn't get you anywhere. You have to annihilate your self to reach your Essence, or Truth.

Otra excelente descripción de la aniquilación de uno mismo. Hablar no te lleva a ningún lado. Tienes que aniquilarte a ti mismo para alcanzar tu Esencia o Verdad.

77.

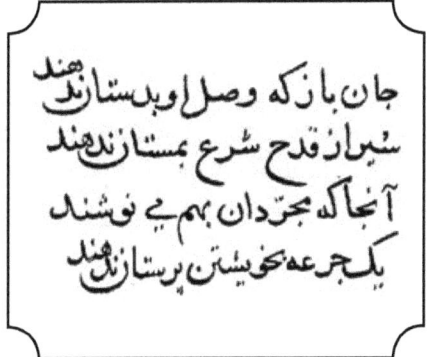

Gamble with your life. Take every chance you can.
You can't reach His union by talking.
They don't serve milk to drunks by the glass of sharia.*
In the place where wine is served,
They pour it only to those who have undressed from "self."
Not even a drop is given to those who worship themselves.

*Sharia: Moral code and religious law associated with Islam.

Apuesta tu vida. Aprovecha cada oportunidad que puedas.
No puedes alcanzar su unión hablando.
No sirven leche a los borrachos por el vaso de sharia. *
En el lugar donde se sirve el vino,
Lo vierten solo a aquellos que se han desvestido del "yo".
Ni siquiera se les da una gota a los que se adoran a sí mismos.

*Sharia: Código moral y ley religiosa asociada con el Islam

Excellent advice for novices, and a repetition of the same theme Mevlana focuses on constantly: Unless you give up your self, you won't go anywhere.

Excelente consejo para novicios, y una repetición del mismo tema en el que Maulana se enfoca constantemente. A menos que rindas tu ego, no iras a ninguna parte.

78.

جان محرم درگاه همی باید بو د
دل پر غم و پر آه همی باید بو د
از خوبش مارا ه سوی ما ره رگز
از ما سوی ما را ه همی باید ببود

Unless your soul has been intimate with this door
For a long time,
Unless your heart has been filled
With the pain and sorrows of Love,
You'll never find a road to us from your self.
You should give up your self and come to us from us.

A menos que tu alma haya intimado con esta puerta
Durante mucho tiempo,
A menos que tu corazón se haya llenado
Con el dolor y las penas del Amor,
Nunca encontrarás un camino hacia nosotros desde tu yo.
Debes renunciar a ti mismo y venir a nosotros desde nosotros.

Very obvious. Love takes over everything.

Muy obvio. El Amor lo conquista todo..

79.

عشق از ازل است تا ابد خواهد بود
جیدن عشق عدد خواهد بود
فردا که قیامت آشکارا کردد
ای هر که نه عاشق است رد خواهد بود

Love has no beginning, no end.
Love is eternal.
Countless people would search for it.
At the day of resurrection,
Everyone will be kicked off the Divine temple
Except lovers.

El Amor no tiene principio ni fin.
El Amor es eterno.
Innumerables personas lo buscaran.
En el día de la resurrección,
Todos serán expulsados del templo divino
Excepto los amantes.

A rubaí from the summit of the mountain.

Rubaí desde la cima de la montaña.

80.

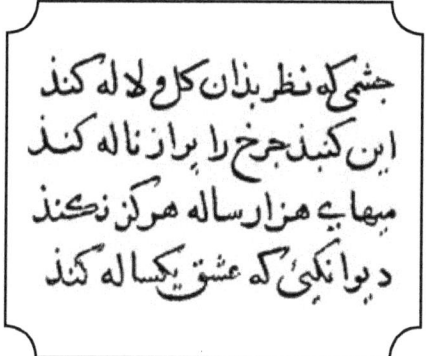

An eye that would see those roses, those tulips
Fills this whirling sky with wails and cries.
Intoxication that you can get from one-year-old Love
You couldn't get from a thousand-years-old wine.

Los ojos que vieran esas rosas, esos tulipanes
Llenarían este cielo arremolinado de lamentos y gritos.
No se podría tener de un vino milenario.
la embriaguez que provoca el Amor de un año

𝔄nybody who has been annihilated doesn't see the world, doesn't see soul; all they see is Love. They cannot deal with earthly problems. They cannot deal with eyes that – on the day of death -- look at soul rather than Love.

𝔔uienquiera que haya alcanzado la aniquilación no ve el mundo, no ve el alma; todo lo que ve es Amor. No puede tratar con problemas terrenales. No puede lidiar con ojos que, en el día de la muerte, miran al alma en lugar de al Amor.

.

81.

> حاشا که دل عشق جهان را نگرد
> خود جیست بجز عشق که اثرا نگرد
> بیزارسوم زچشم در روز اجل
> کز عشق دها کند که جان را نگرد

𝕮an a heart that has fallen in Love
Still look at the world? That is impossible!
In fact, there is nothing in the world to be seen
Besides Love.
I am tired and sick of the eyes that, on the day of death,
Look at soul instead of Love.

𝕻uede un corazón que se ha enamorado
seguir mirando el mundo? ¡Eso es imposible!
De hecho, no hay nada en el mundo para ver,
Aparte del Amor
Estoy cansado y harto de los ojos que, en el día de la muerte,
Miran al alma en lugar de al Amor.

This rubaí smells of Shams.

Este rubaí huele a Shams

82.

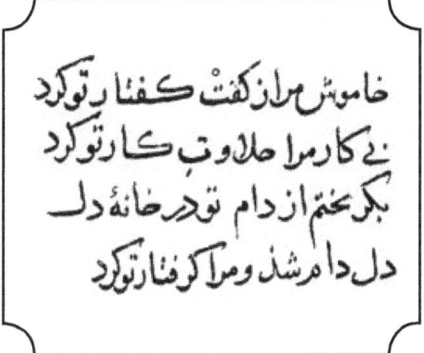

Be silent. Your words made me speechless.
Your sweetness made me soft and idle.
I ran from your traps to the house of my heart,
But the house of my heart became the trap for me.

Sé silente. Tus palabras me dejaron sin palabras.
Tu dulzura me hizo suave y ocioso
hui de tus trampas a la casa de mi corazón,
Pero la casa de mi corazón se convirtió en la trampa para mí.

A rubaí that focuses on suffering. Is Mevlana talking about Shams or God? Shams and God are often made interchangeable in Mevlana's poetry. This is a big statement: Shams becomes God; God becomes Shams. It's very common to put Shams in God's place. Many misunderstand the relationship between Melvana and Shams; it was not a romantic or sexual one. How could someone have a romantic or sexual relationship with God?

Rubaí centrada en el sufrimiento. ¿Maulana está hablando de Shams o Dios? Shams y Dios a menudo se hacen intercambiables en la poesía de Maulana. Esta es una gran afirmación: Shams se convierte en Dios; Dios se convierte en Shams. Es muy común poner a Shams en el lugar de Dios. Muchos malinterpretan la relación entre Maulana y Shams; No era romántica ni sexual. ¿Cómo podría alguien tener una relación romántica o sexual con Dios?

83.

خواهم که دلم با غم تو خون باشد
کز دست دهذ غمش چو نیکو باشد
هان ای دلٔ دل غم او در بر گیر
تا چشم زنی خود غم او باشد

𝕴 want to make my heart a friend to His troubles.
I want my heart to have plenty of His troubles.
Come to your senses, O lover.
Embrace His troubles, close your eyes.
When you open them,
You'll see that His troubles have become Him.

𝕼uiero hacer de mi corazón un amigo de Sus penas.
Quiero que mi corazón tenga muchas de Sus penas
Entra en razón, oh amante.
Abraza Sus penas, cierra los ojos.
Cuando los abras,
Verás que Sus penas se han convertido en Él.

Mevlana could be referring here to God or Shams. In any case, reason is downgraded into its proper place.

Maulana podría estar refiriéndose aquí a Dios o a Shams. En cualquier caso, la razón es rebajada a su lugar adecuado.

84.

خورشید کی باشد که بروی تورسد
یا باد سبکسر که بموی تورسد
عقلی که کند خواجگئ شهر وجود
دیوانه شو ذجون سر کوی تورسد

How can the sun get the beauty of Your face?
The fastest wind can't reach a single thread of Your hair.
Even reason, who is the king of the city of existence,
Becomes crazy when he reaches Your town.

¿Cómo puede el sol obtener la belleza de tu rostro?
El viento más rápido no puede alcanzar un solo hilo de tu cabello.
Incluso la razón, que es el rey de la ciudad de la existencia,
Enloquece cuando llega a tu ciudad.

Another earthly rubaí from the bottom of the mountain.

Otro rubaí terrenal desde el pie de la montaña.

85.

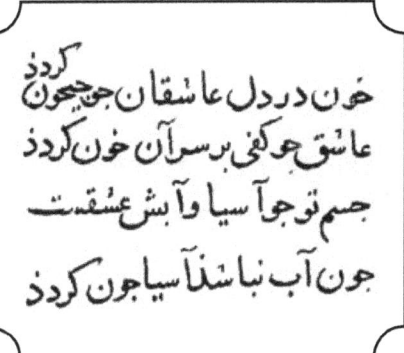

Blood boils in the hearts of the lovers,
Like the Jayhoun* river in the moutains.
Lovers are like foam over the whirling blood.
Your body resembles a millstone.
How could a millstone turn without water?

*Jahoun: a long South-Asian river. Historical Latin name:
 Oxus. Modern local name: Amu Darya.

La sangre hierve en los corazones de los amantes,
Como el río Jayhoun * en las montañas.
Los amantes son como espuma sobre la sangre que gira.
Tu cuerpo se parece a una piedra de molino.
¿Cómo podría una piedra de molino girar sin agua?

*Jahoun: un largo río del sur de Asia. Nombre latino histórico:
Oxus Nombre local moderno: Amu Darya.

Here, Mevlana is most likely referring to Shams. Mevlana is speaking from the middle of the mountain, when his annihilation is not complete, but still comes and goes. He is in Essence, though, and it is impossible for Essence to appear.

Aquí, Maulana probablemente se refiere a Shams. Maulana está hablando desde la falda de la montaña, cuando su aniquilación no está completa, sino que va y viene. Él está en la Esencia, sin embargo, y es imposible para la Esencia aparecer..

86.

دامان جلال تو زدستم نشود
سهای نوازد ماغ مستم نشود
کوبی تو مراجنانک هستی نمبـا
کرسایم جنانک هستم نشود

I still hold the skirt of Your greatness.
The drunkenness from the wine You have served
Still remains in my head.
"Appear as you are," You told me.
But, it is impossible to appear as I am.

Todavía sostengo la falda de Tu grandeza.
La embriaguez del vino que has servido
Aún dura en mi cabeza.
"Aparece como eres", me dijiste.
Pero, es imposible aparecer como soy.

A clear description of Love that comes with annihilation as opposed to earthly, symbolic love.

Descripción clara del amor que viene con la aniquilación en oposición al amor terrenal, simbólico.

87.

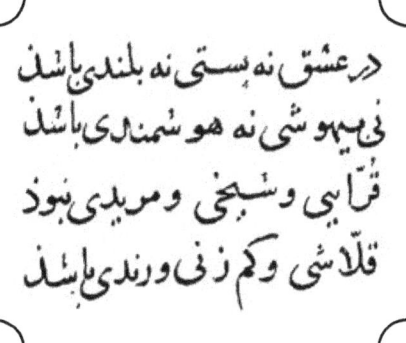

In Love, no one is low, no one is high.
Neither sobriety nor drunkenness exist in Love.
There is no protector, no sheikh, no disciple in Love,
Only poverty.
Kalanderi* rinds** are in Love.

Kalanderi: A group of dervishes
Rind: A jolly, unconventional mystic; certain type of Sufi.

En el amor, nadie es bajo, nadie es alto.
Ni la sobriedad ni la embriaguez existen en el Amor.
No hay protector, ni maestro, ni discípulo en el Amor.
Solo pobreza.
Kalanderi * Rinds** están enamorados.

Kalanderi: un grupo de derviches
Rind: un místico alegre y poco convencional; cierto tipo de sufi

Soul means nothing in fanâ. Soul is an earthly word. We have no idea about our body; we have no idea about our soul. But, Love is something else. After fanâ, (annihilation) Love comes and crushes everything earthly. Your body, your soul, your worth, your everything is gone.

Alma no significa nada en fanâ [aniquilación]. Alma es una palabra terrenal. No tenemos idea de nuestro cuerpo; No tenemos idea de nuestra alma. Pero el Amor es otra cosa. Después de fanâ, el Amor llega y aplasta todo lo terrenal. Tu cuerpo, tu alma, tu valía, tu totalidad desaparece.

88.

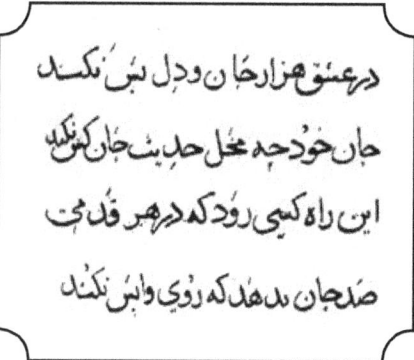

To sacrifice thousands of hearts and souls for Love
Is not enough!
What is soul? It isn't even worth being mentioned!
One who goes on the way of Love
Must sacrifice hundreds of souls at every step
And never look back.

Sacrificar miles de corazones y almas por amor
¡No es suficiente!
¿Qué es el alma? ¡Ni siquiera vale la pena mencionarlo!
El que sigue el camino del amor
Debe sacrificar cientos de almas a cada paso
Y nunca mirar atrás.

Mevlana could be talking about God's door or Shams' door. Lovers come to the door, stay there awhile, then leave. But, Mevlana stays there forever.

Maulana podría estar hablando de la puerta de Dios o la puerta de Shams. Los amantes vienen a la puerta, se quedan allí un rato, luego marchan. Pero, Maulana se queda allí para siempre.

89.

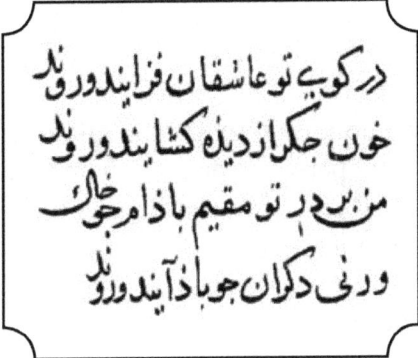

Lovers gather at Your quarter, but later they leave.
They shed bloody tears, wail, and then they leave.
I am like dust on Your door and stay there forever,
While others come and go like the wind.

Los amantes se reúnen en Tu barrio, pero luego se van.
Derraman lágrimas de sangre, se lamentan y luego se van.
Yo soy como el polvo en tu puerta y permanezco allí para siempre
Mientras que otros van y vienen como el viento.

Anybody who goes through annihilation (fanâ) realizes that when a person reaches beyond the earth, Love comes in and crushes everything in the earth. Nothing remains. No good, no bad, no high, no low, no black, no white. Nothing remains. They have reached non-dualistic perception.

Cualquiera que pase por la aniquilación (fanâ.) Se da cuenta que cuando una persona llega más allá de la tierra el Amor entra y aplasta todo en la tierra. No queda nada. Ni bueno, ni malo, ni alto, ni bajo, ni negro, ni blanco. No queda nada. Ha alcanzado una percepción No Dual.

90.

در مخزِ فلک چو عشق تو جا کرد
نا عربس همه فتنه و غوغا کرد
چون روح شود جهان نه بالا و نه زیر
چون عشقِ تو روح راز بالا کرد

When Your Love takes its place
In the mind of the firmament,
Trouble fills the world and reaches the sky.
When Your Love catches the world's soul,
The world turns into one soul,
And neither up nor down remains.

Cuando tu amor toma su lugar
En la mente del firmamento,
Los problemas llenan el mundo y llegan al cielo.
Cuando tu amor atrapa al alma del mundo,
El mundo se convierte en una sola alma
Y no queda ni arriba ni abajo.

One doesn't dive into the river of life to find a pearl. The one who dives into the river of life is the one who stays there, who dies there. Mortality comes from earthly things; immortality comes from getting earthly things out of yourself.

Uno no se sumerge en el río de la vida para encontrar una perla. El que se sumerge en el río de la vida es el que se queda allí, muere allí. La mortalidad proviene de las cosas terrenales; la inmortalidad viene de sacarte la cosas terrenales fuera de ti mismo.

91.

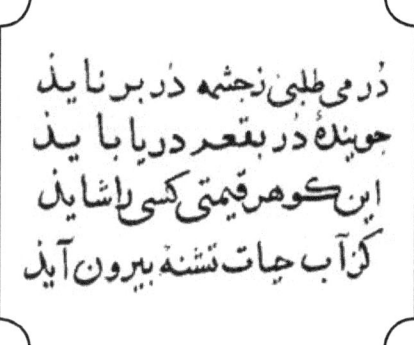

Don't search for a pearl in the river.
You have to dive to the bottom of the ocean of Truth.
The only one who deserves this pearl
Is the one who finds it
And doesn't have thirst for the water of life.

No busques una perla en el río.
Tienes que bucear en el fondo del océano de la Verdad.
El único que merece esta perla.
Es el que lo encuentra
Y no tiene sed del el agua de la vida.

The same message as in the previous rubaí.

El mismo mensaje que en el rubaí anterior.

92.

> دری داری که بحری را بر دارد
> دُرّی که هزار بحر بر در دارد
> خواهی که بیابی فروآئی زحذر
> زان روی که خر روی بآخر دارد

𝔜ou have a pearl that fills thousands of oceans.
If you want to find it, don't be silly:
If you follow an ass, you'll end up in a barn.
Look instead inside of your heart.

𝕿ienes una perla que llena miles de océanos.
Si quieres encontrarlo, no seas tonto:
Si sigues a un asno, terminarás en un granero.
Mira en cambio dentro de tu corazón.

𝕍ery obvious.

𝕸uy evidente

93.

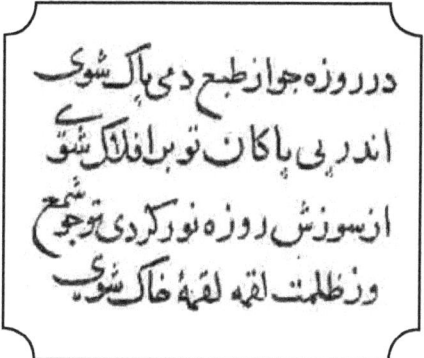

𝔜ou will be purified from bad habits by fasting.
You will follow the attained ascent to the sky by fasting.
You will be burned like a candle by the fire of fasting.
Become divine light. The darkness of a bite
Makes you a morsel for the ground.

𝔖erás purificado de los malos hábitos por el ayuno.
Seguirás el ascenso alcanzado al cielo en ayunas.
Serás quemado como una vela por el fuego del ayuno.
Conviértete en luz divina. La oscuridad de un bocado
Te hace un bocado para el suelo.

Human time is divided into half day, half night. Mevlana considers both of them to be lame donkeys. Once somebody breaks the cycle, gets out of time and place, day and night disappear.

El tiempo humano se divide en medio día, media noche. Maulana considera que ambos son burros cojos. Una vez que alguien rompe el ciclo, se sale del tiempo y del espacio, el día y la noche desaparecen.

94.

روزآمد و غوغای تو در بر دارذ
شب آمد و سودای تو در سر دارذ
کار شب و روز نیست این کار منست
کی دو خرلنگ بار من بر دارذ

D ay brought me Your troubles and fights.
Night filled my head with Your Love.
But all this is not the business of day or night;
This is my business.
How could those two lame donkeys carry my load?

E l día me trajo Tus problemas y luchas.
La noche llenó mi cabeza con Tu amor.
Pero todo esto no es asunto del día o de la noche;
Este es mi asunto.
¿Cómo podrían esos dos burros cojos llevar mi carga?

Yes. Fasting.

Si. Ayunar.

95.

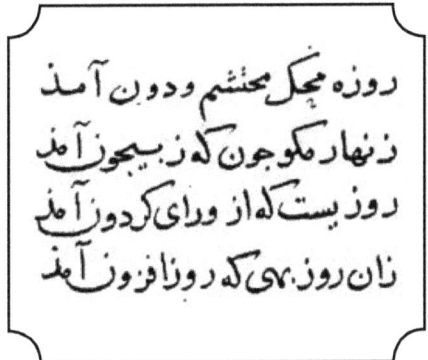

Fasting is the touchstone of good and bad.
Don't ask me how that could be:
This came from the One who is beyond questions.
Fasting is the divine food that comes from beyond the sky.
It makes everything better, including you.

El ayuno es la piedra de toque del bien y el mal.
No me preguntes cómo puede ser eso:
Esto vino de Aquel que está más allá de las preguntas.
El ayuno es el alimento divino que viene de más allá del cielo.
Lo mejora todo, incluso a ti.

The Sultan and his secretary (Vizier) who keeps the Divan (anthology) represent humans. When someone reaches fanâ, their exuberance makes them crazy, so much so that the messages they get would be impossible for a human to write down.

El sultán y su visir [secretario] que mantiene el diván [antología] representan a los humanos. Cuando alguien llega a fanâ [aniquilación], su exuberancia lo vuelve loco, tanto que los mensajes que recibe serían imposibles de escribir para un humano.

96.

روزی که مرا عشق تو دیوانه کند
دیوانگی کنم که دیوان نکند
حکم قلم توان کند با دلم
کز نوک قلم خواجه دیوان نکند

When Your Love makes me crazy
I will do things that even the devil won't do.
Your eyelashes write such messages on my heart
That the Vizier of the Sultan's Divan can't write them.

Cuando tu amor me enloquezca
Haré cosas que ni siquiera el diablo haria.
Tus pestañas escriben tales mensajes en mi corazón
Que el visir del diván del sultán no puede escribirlos.

Just like in *all* religions that follow one particular messenger, most Christians say there is no one in the world like Jesus. But, people don't see everyone on earth: There are actually hundreds in the world like Jesus; people just can't see them.

Como en todas las religiones que siguen a un mensajero en particular, la mayoría de los cristianos dicen que no hay nadie en el mundo como Jesús. Pero, la gente no ve a todos en la tierra: en realidad hay cientos en el mundo como Jesús; las gentes simplemente no pueden verlos.

97.

زنهار مگو که ده روان نیز نیند
عیسی صفتان بی نشان نیز نیند
زین گونه که تو حرم اسرار را
ندانسته که دیگران نیز نیند

Don't ever say,
"No one walks towards the Truth nowadays.
No one is like Jesus, like a concealed saint in our time."
Since you are not intimate with the secrets of the path,
You are assuming that everyone else is ignorant, too.

Nunca digas
"Nadie camina hacia la Verdad hoy en día.
Nadie es como Jesús, como un santo oculto en nuestro tiempo ".
Como no eres íntimo con los secretos del camino,
Estás asumiendo que todos los demás también son ignorantes.

Ecstacy is the sign of annihilation (fanâ). Mevlana is comparing this existence with non-existence (fanâ).

Éxtasis es la señal de la aniquilación.(fanâ) Maulana compara está existencia con la no existencia, fanâ.

98.

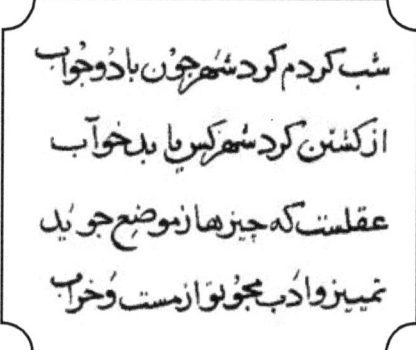

At night, I turned around the city like wind,
Running like water.
How can sleep overcome the one
Who walks around the city in darkness?
Mind is the one who wants to have everything in order.
Don't ask for reason or manners from the drunk.

Por la noche, daba la vuelta a la ciudad como el viento,
Corriendo como el agua.
¿Cómo puede el sueño vencer a aquel
que camina por la ciudad en la oscuridad?
La mente es la que quiere tener todo en orden.
No pidas razones ni modales a los borrachos.

Mevlana focuses on this idea in any number of his rubaís. Existence turns into Absence, Absence into existence every moment, all the time, but, this reality is beyond our human perception. In one instance, Mevlana says that hundreds of caravans are coming from nowhere, coming into existence, then turning back again, but it happens so fast, we just don't see it.

Maulana se centra en esta idea en varios de sus rubaís. La existencia se convierte en Ausencia, la Ausencia en Existencia a cada momento, todo el tiempo, pero esta realidad está más allá de nuestra percepción humana. En una ocasión, Maulana dice que cientos de caravanas vienen de la nada, están surgiendo y luego regresan, pero sucede tan rápido que simplemente no lo vemos.

99.

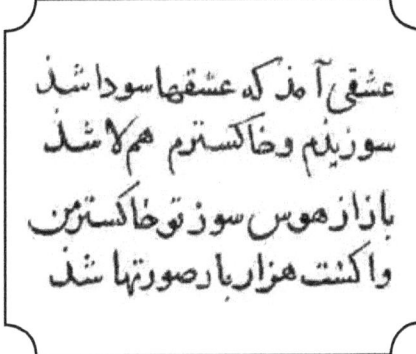

When this Love came, all other loves disappeared.
I was burned, turned into ashes.
Those ashes were scattered and disappeared.
Then, with Your help, they came back
And formed thousands of shapes again.

Cuando llegó este Amor, todos los otros amores desaparecieron.
Fui quemado, me convertí en cenizas.
Esas cenizas fueron esparcidas y desaparecieron.
Entonces, con tu ayuda, volvieron
Y formó miles de formas nuevamente.

This rubaí is from the summit of the mountain. At the summit, you don't feel anything about the earth. No good, no bad, no black, no white, no God, no creatures. You don't feel anything.

Esta rubayat es desde la cumbre de la montaña. En la cima, no sientes nada sobre la tierra. Ni bien, ni mal, ni negro, ni blanco, ni Dios, ni criaturas. No sientes nada.

100.

جز دمد مه عشق تو در کوش نماند
جان از حلاوت ازل هوش نماند
بی رنگی عشق رنگ ها بے آمیخت
و زحالت بی رنگ فراموش نماند

There is nothing remaining in my ears
But Love's murmur.
There is nothing remaining in my soul – no reason, no thought -
Only the sweetness of Eternity.
The colorless brush of Love mixed all colors;
Now, it can't remember its past.

No queda nada en mis oídos
mas que el murmullo del Amor.
No queda nada en mi alma, ni razón, ni pensamiento.
Solo la dulzura de la eternidad.
El pincel incoloro del Amor mezcló todos los colores;
Ahora, no puede recordar su pasado.

Notas

Con frecuencia parece haber controversia en cuanto a la fidelidad de las traducciones, especialmente en lo que respecta a las traducciones de obras de figuras tan importantes como Maulana. Las referencias a continuación son las fuentes turcas originales utilizadas para las traducciones presentadas en este libro. También se incluye el número de página del Rubâyat de Rumi del que se tomaron estas selecciónes.

De la Introducción

1. Can, *Hz. Mevlânâ'nin Rubâîleri*, v. 1421; Ergin, *Rubâîlar of Rumi*, 302; Forûzânfar (ed.), *Kulliyât-é shams yâ dîwân-é kabîr-e mawlânâ jalâluddîn Muhammad mashhûr ba-mawlawî*, v. 1284; Gölpinarli, *Mevlânâ Celâleddin, Rubâîler*, 162, v. 198.
2. Can, *Hz. Mevlânâ'nin Rubâîleri*, v. 18; Ergin, *Rubâîlar of Rumi*, 109; Forûzânfar (ed.), *Kulliyât-é shams yâ dîwân-é kabîr-e mawlânâ jalâluddîn Muhammad mashhûr ba-mawlawî*, v. 165; Gölpinarli, *Mevlânâ Celâleddin, Rubâîler*, 46, v. 153.
3. Gölpinarli, *Dîvân-i Kabîr Mevlânâ Celâleddin*, 556.
4. Can, *Hz. Mevlânâ'nin Rubâîleri*, v. 1042; Ergin, *Rubâîlar of Rumi*, 257, v. 1; Forûzânfar (ed.), *Kulliyât-é shams yâ dîwân-é kabîr-e mawlânâ jalâluddîn Muhammad mashhûr ba-mawlawî*, v. 1173; Gölpinarli, *Mevlânâ Celâleddin, Rubâîler*, D2(274), v. 131-1.

Del Rubayat

Selección
Número

1. Can, *Hz. Mevlânâ'nin Rubâîleri*, v. 821; Ergin, *Rubâîlar of Rumi*, 197, v. 1; Forûzânfar (ed.), *Kulliyât-é shams yâ dîwân-é kabîr-e mawlânâ jalâluddîn Muhammad mashhûr ba-mawlawî*, v. 768; Gölpinarli, *Mevlânâ Celâleddin, Rubâîler*, D91, v. 206.
2. Can, *Hz. Mevlânâ'nin Rubâîleri*, v. 20; Ergin, *Rubâîlar of Rumi*, 10, v. 3; Forûzânfar (ed.), *Kulliyât-é shams yâ dîwân-é kabîr-e mawlânâ jalâluddîn Muhammad mashhûr ba-mawlawî*, v. 20; Gölpinarli, *Mevlânâ Celâleddin, Rubâîler*, A16, v. 7.
3. Can, *Hz. Mevlânâ'nin Rubâîleri*, v. 52; Ergin, *Rubâîlar of Rumi*, 16, v. 2; Forûzânfar (ed.), *Kulliyât-é shams yâ dîwân-é*

kabîr-e mawlânâ jalâluddîn Muhammad mashhûr ba-mawlawî, v. 52; Gölpinarli, *Mevlânâ Celâleddin, Rubâîler,* A22, v. 56.

4. Can, *Hz. Mevlânâ'nin Rubâîleri,* v. 23; Ergin, *Rubâîlar of Rumi,* 17, v. 1; Forûzânfar (ed.), *Kulliyât-é shams yâ dîwân-é kabîr-e mawlânâ jalâluddîn Muhammad mashhûr ba-mawlawî,* v. 23; Gölpinarli, *Mevlânâ Celâleddin, Rubâîler,* A17, v.21.

5. Can, *Hz. Mevlânâ'nin Rubâîleri,* v. 5; Ergin, *Rubâîlar of Rumi,* 20, v 2; Forûzânfar (ed.), *Kulliyât-é shams yâ dîwân-é kabîr-e mawlânâ jalâluddîn Muhammad mashhûr ba-mawlawî,* v. 5; Gölpinarli, *Mevlânâ Celâleddin, Rubâîler,* A18, v. 27.

6. Can, *Hz. Mevlânâ'nin Rubâîleri,* v. 16; Ergin, *Rubâîlar of Rumi,* 22, v. 4; Forûzânfar (ed.), *Kulliyât-é shams yâ dîwân-é kabîr-e mawlânâ jalâluddîn Muhammad mashhûr ba-mawlawî,* v. 16; Gölpinarli, *Mevlânâ Celâleddin, Rubâîler,* A23, v. 65.

7. Can, *Hz. Mevlânâ'nin Rubâîleri,* v. 70; Ergin, *Rubâîlar of Rumi,* 23, v. 2; Forûzânfar (ed.), *Kulliyât-é shams yâ dîwân-é kabîr-e mawlânâ jalâluddîn Muhammad mashhûr ba-mawlawî,* v. 70; Gölpinarli, *Mevlânâ Celâleddin, Rubâîler,* A19, v. 35.

8. Can, *Hz. Mevlânâ'nin Rubâîleri,* v. 15; Ergin, *Rubâîlar of Rumi,* 24, v. 4; Forûzânfar (ed.), *Kulliyât-é shams yâ dîwân-é kabîr-e mawlânâ jalâluddîn Muhammad mashhûr ba-mawlawî,* v. 15; Gölpinarli, *Mevlânâ Celâleddin, Rubâîler,* A, --.

9. Can, *Hz. Mevlânâ'nin Rubâîleri,* v. 95; Ergin, *Rubâîlar of Rumi,* 29, v. 4; Forûzânfar (ed.), *Kulliyât-é shams yâ dîwân-é kabîr-e mawlânâ jalâluddîn Muhammad mashhûr ba-mawlawî,* v. 82; Gölpinarli, *Mevlânâ Celâleddin, Rubâîler,* B25, v. 11.

10. Can, *Hz. Mevlânâ'nin Rubâîleri,* v. 193; Ergin, *Rubâîlar of Rumi,* 36, v. 2; Forûzânfar (ed.), *Kulliyât-é shams yâ dîwân-é kabîr-e mawlânâ jalâluddîn Muhammad mashhûr ba-mawlawî,* v. 175; Gölpinarli, *Mevlânâ Celâleddin, Rubâîler,* T49, v. 181.

11. Can, *Hz. Mevlânâ'nin Rubâîleri,* v. 200; Ergin, *Rubâîlar of Rumi,* 38, v. 1; Forûzânfar (ed.), *Kulliyât-é shams yâ dîwân-é kabîr-e mawlânâ jalâluddîn Muhammad mashhûr ba-mawlawî,* v. 182; Gölpinarli, *Mevlânâ Celâleddin, Rubâîler,* T29, v. 14.

12. Can, *Hz. Mevlânâ'nin Rubâîleri,* v. 370; Ergin, *Rubâîlar of Rumi,* 40, v. 4; Forûzânfar (ed.), *Kulliyât-é shams yâ dîwân-é kabîr-e mawlânâ jalâluddîn Muhammad mashhûr ba-mawlawî,* v. 352; Gölpinarli, *Mevlânâ Celâleddin, Rubâîler,* T51, v. 192.

13. Can, *Hz. Mevlânâ'nin Rubâîleri*, v. 413; Ergin, *Rubâîlar of Rumi*, 44, v. 1; Forûzânfar (ed.), *Kulliyât-é shams yâ dîwân-é kabîr-e mawlânâ jalâluddîn Muhammad mashhûr ba-mawlawî*, v. 395; Gölpinarli, *Mevlânâ Celâleddin, Rubâîler*, T28, v. 3.

14. Can, *Hz. Mevlânâ'nin Rubâîleri*, v. 124; Ergin, *Rubâîlar of Rumi*, 44, v. 2; Forûzânfar (ed.), *Kulliyât-é shams yâ dîwân-é kabîr-e mawlânâ jalâluddîn Muhammad mashhûr ba-mawlawî*, v. 106; Gölpinarli, *Mevlânâ Celâleddin, Rubâîler*, T48, v. 166.

15. Can, *Hz. Mevlânâ'nin Rubâîleri*, v. 203; Ergin, *Rubâîlar of Rumi*, 45, v. 4; Forûzânfar (ed.), *Kulliyât-é shams yâ dîwân-é kabîr-e mawlânâ jalâluddîn Muhammad mashhûr ba-mawlawî*, v. 185; Gölpinarli, *Mevlânâ Celâleddin, Rubâîler*, T48, v. 170.

16. Can, *Hz. Mevlânâ'nin Rubâîleri*, v. 339; Ergin, *Rubâîlar of Rumi*, 47, v. 4; Forûzânfar (ed.), *Kulliyât-é shams yâ dîwân-é kabîr-e mawlânâ jalâluddîn Muhammad mashhûr ba-mawlawî*, v. 321; Gölpinarli, *Mevlânâ Celâleddin, Rubâîler*, T29, v. 13.

17. Can, *Hz. Mevlânâ'nin Rubâîleri*, v. 327; Ergin, *Rubâîlar of Rumi*, 49, v. 4; Forûzânfar (ed.), *Kulliyât-é shams yâ dîwân-é kabîr-e mawlânâ jalâluddîn Muhammad mashhûr ba-mawlawî*, v. 309; Gölpinarli, *Mevlânâ Celâleddin, Rubâîler*, T32, v.38.

18. Can, *Hz. Mevlânâ'nin Rubâîleri*, v. 406; Ergin, *Rubâîlar of Rumi*, 51, v. 1; Forûzânfar (ed.), *Kulliyât-é shams yâ dîwân-é kabîr-e mawlânâ jalâluddîn Muhammad mashhûr ba-mawlawî*, v. 388; Gölpinarli, *Mevlânâ Celâleddin, Rubâîler*, T33, v. 43.

19. Can, *Hz. Mevlânâ'nin Rubâîleri*, v. 329; Ergin, *Rubâîlar of Rumi*, 52, v.1; Forûzânfar (ed.), *Kulliyât-é shams yâ dîwân-é kabîr-e mawlânâ jalâluddîn Muhammad mashhûr ba-mawlawî*, v. 311; Gölpinarli, *Mevlânâ Celâleddin, Rubâîler*, T32, v. 37.

20. Can, *Hz. Mevlânâ'nin Rubâîleri*, v. 388; Ergin, *Rubâîlar of Rumi*, 57, v. 1; Forûzânfar (ed.), *Kulliyât-é shams yâ dîwân-é kabîr-e mawlânâ jalâluddîn Muhammad mashhûr ba-mawlawî*, v. 371; Gölpinarli, *Mevlânâ Celâleddin, Rubâîler*, T31, v. 31.

21. Can, *Hz. Mevlânâ'nin Rubâîleri*, v. 337; Ergin, *Rubâîlar of Rumi*, 64, v. 3; Forûzânfar (ed.), *Kulliyât-é shams yâ dîwân-é kabîr-e mawlânâ jalâluddîn Muhammad mashhûr ba-mawlawî*, v. 319; Gölpinarli, *Mevlânâ Celâleddin, Rubâîler*, T34, v. 58.

22. Can, *Hz. Mevlânâ'nin Rubâîleri*, v. 152; Ergin, *Rubâîlar of Rumi*, 65, v. 2; Forûzânfar (ed.), *Kulliyât-é shams yâ dîwân-é kabîr-e*

mawlânâ jalâluddîn Muhammad mashhûr ba-mawlawî, v. 134; Gölpinarli, *Mevlânâ Celâleddin, Rubâîler,* T56, v. 237.
23. Can, Hz. *Mevlânâ'nin Rubâîleri,* v. 412; Ergin, *Rubâîlar of Rumi,* 65, v. 3; Forûzânfar (ed.), *Kulliyât-é shams yâ dîwân-é kabîr-e mawlânâ jalâluddîn Muhammad mashhûr ba-mawlawî,* v. 394; Gölpinarli, *Mevlânâ Celâleddin, Rubâîler,* T56, v. 236.
24. Can, Hz. *Mevlânâ'nin Rubâîleri,* v. 268; Ergin, *Rubâîlar of Rumi,* 68, v. 3; Forûzânfar (ed.), *Kulliyât-é shams yâ dîwân-é kabîr-e mawlânâ jalâluddîn Muhammad mashhûr ba-mawlawî,* v. 250; Gölpinarli, *Mevlânâ Celâleddin, Rubâîler,* T35, v. 61.
25. Can, Hz. *Mevlânâ'nin Rubâîleri,* v. 328; Ergin, *Rubâîlar of Rumi,* 69, v. 1; Forûzânfar (ed.), *Kulliyât-é shams yâ dîwân-é kabîr-e mawlânâ jalâluddîn Muhammad mashhûr ba-mawlawî,* v. 310; Gölpinarli, *Mevlânâ Celâleddin, Rubâîler,* T56, v. 240.
26. Can, Hz. *Mevlânâ'nin Rubâîleri,* v. 429; Ergin, *Rubâîlar of Rumi,* 69, v. 2; Forûzânfar (ed.), *Kulliyât-é shams yâ dîwân-é kabîr-e mawlânâ jalâluddîn Muhammad mashhûr ba-mawlawî,* v. 411; Gölpinarli, *Mevlânâ Celâleddin, Rubâîler,* T56, v. 238.
27. Can, Hz. *Mevlânâ'nin Rubâîleri,* v. 194; Ergin, *Rubâîlar of Rumi,* 69, v. 4; Forûzânfar (ed.), *Kulliyât-é shams yâ dîwân-é kabîr-e mawlânâ jalâluddîn Muhammad mashhûr ba-mawlawî,* v. 176; Gölpinarli, *Mevlânâ Celâleddin, Rubâîler,* T35, v. 66.
28. Can, Hz. *Mevlânâ'nin Rubâîleri,* v. 345; Ergin, *Rubâîlar of Rumi,* 70, v. 4; Forûzânfar (ed.), *Kulliyât-é shams yâ dîwân-é kabîr-e mawlânâ jalâluddîn Muhammad mashhûr ba-mawlawî,* v. 327; Gölpinarli, *Mevlânâ Celâleddin, Rubâîler,* T36, v. 69.
29. Can, Hz. *Mevlânâ'nin Rubâîleri,* v. 1605; Ergin, *Rubâîlar of Rumi,* 335, v. 2; Forûzânfar (ed.), *Kulliyât-é shams yâ dîwân-é kabîr-e mawlânâ jalâluddîn Muhammad mashhûr ba-mawlawî,* v. 1442; Gölpinarli, *Mevlânâ Celâleddin, Rubâîler,* N269, v. 18.
30. Can, Hz. *Mevlânâ'nin Rubâîleri,* v. 410; Ergin, *Rubâîlar of Rumi,* 74, v. 4; Forûzânfar (ed.), *Kulliyât-é shams yâ dîwân-é kabîr-e mawlânâ jalâluddîn Muhammad mashhûr ba-mawlawî,* v. 392; Gölpinarli, *Mevlânâ Celâleddin, Rubâîler,* T57, v. 248.
31. Can, Hz. *Mevlânâ'nin Rubâîleri,* v. 322; Ergin, *Rubâîlar of Rumi,* 76, v. 3; Forûzânfar (ed.), *Kulliyât-é shams yâ dîwân-é kabîr-e mawlânâ jalâluddîn Muhammad mashhûr ba-mawlawî,* v. 304; Gölpinarli, *Mevlânâ Celâleddin, Rubâîler,* T37, v. 83.

32. Can, *Hz. Mevlânâ'nin Rubâîleri*, v. 244; Ergin, *Rubâîlar of Rumi*, 80, v. 1; Forûzânfar (ed.), *Kulliyât-é shams yâ dîwân-é kabîr-e mawlânâ jalâluddîn Muhammad mashhûr ba-mawlawî*, v. 226; Gölpinarli, *Mevlânâ Celâleddin, Rubâîler*, T(261) 38, v. 89.

33. Can, *Hz. Mevlânâ'nin Rubâîleri*, v. 306; Ergin, *Rubâîlar of Rumi*, 80, v. 4; Forûzânfar (ed.), *Kulliyât-é shams yâ dîwân-é kabîr-e mawlânâ jalâluddîn Muhammad mashhûr ba-mawlawî*, v. 288; Gölpinarli, *Mevlânâ Celâleddin, Rubâîler*, T38, v. 87.

34. Can, *Hz. Mevlânâ'nin Rubâîleri*, v. 443; Ergin, *Rubâîlar of Rumi*, 82, v. 1; Forûzânfar (ed.), *Kulliyât-é shams yâ dîwân-é kabîr-e mawlânâ jalâluddîn Muhammad mashhûr ba-mawlawî*, v. 425; Gölpinarli, *Mevlânâ Celâleddin, Rubâîler*, T39, v. 96.

35. Can, *Hz. Mevlânâ'nin Rubâîleri*, v. 385; Ergin, *Rubâîlar of Rumi*, 89, v. 1; Forûzânfar (ed.), *Kulliyât-é shams yâ dîwân-é kabîr-e mawlânâ jalâluddîn Muhammad mashhûr ba-mawlawî*, v. 367; Gölpinarli, *Mevlânâ Celâleddin, Rubâîler*, T40, v. 107.

36. Can, *Hz. Mevlânâ'nin Rubâîleri*, v. 409; Ergin, *Rubâîlar of Rumi*, 90, v. 1; Forûzânfar (ed.), *Kulliyât-é shams yâ dîwân-é kabîr-e mawlânâ jalâluddîn Muhammad mashhûr ba-mawlawî*, v. 391; Gölpinarli, *Mevlânâ Celâleddin, Rubâîler*, T61, v. 275.

37. Can, *Hz. Mevlânâ'nin Rubâîleri*, v. 130; Ergin, *Rubâîlar of Rumi*, 92, v. 4; Forûzânfar (ed.), *Kulliyât-é shams yâ dîwân-é kabîr-e mawlânâ jalâluddîn Muhammad mashhûr ba-mawlawî*, v. 112; Gölpinarli, *Mevlânâ Celâleddin, Rubâîler*, T50, v. 183.

38. Can, *Hz. Mevlânâ'nin Rubâîleri*, v. 431; Ergin, *Rubâîlar of Rumi*, 93, v. 3; Forûzânfar (ed.), *Kulliyât-é shams yâ dîwân-é kabîr-e mawlânâ jalâluddîn Muhammad mashhûr ba-mawlawî*, v. 413; Gölpinarli, *Mevlânâ Celâleddin, Rubâîler*, T42, v. 118.

39. Can, *Hz. Mevlânâ'nin Rubâîleri*, v. 153; Ergin, *Rubâîlar of Rumi*, 94, v.1; Forûzânfar (ed.), *Kulliyât-é shams yâ dîwân-é kabîr-e mawlânâ jalâluddîn Muhammad mashhûr ba-mawlawî*, v. 135; Gölpinarli, *Mevlânâ Celâleddin, Rubâîler*, T61, v. 282.

40. Can, *Hz. Mevlânâ'nin Rubâîleri*, v. 428; Ergin, *Rubâîlar of Rumi*, 95, v. 2; Forûzânfar (ed.), *Kulliyât-é shams yâ dîwân-é kabîr-e mawlânâ jalâluddîn Muhammad mashhûr ba-mawlawî*, v. 410; Gölpinarli, *Mevlânâ Celâleddin, Rubâîler*, T42, v. 124.

41. Can, *Hz. Mevlânâ'nin Rubâîleri*, v. 414; Ergin, *Rubâîlar of Rumi*, 96, v. 3; Forûzânfar (ed.), *Kulliyât-é shams yâ dîwân-é kabîr-e*

mawlânâ jalâluddîn Muhammad mashhûr ba-mawlawî, v. 396; Gölpinarli, *Mevlânâ Celâleddin, Rubâîler*, T42, v. 125.
42. Can, *Hz. Mevlânâ'nin Rubâîleri*, v. 390; Ergin, *Rubâîlar of Rumi*, 97, v. 2; Forûzânfar (ed.), *Kulliyât-é shams yâ dîwân-é kabîr-e mawlânâ jalâluddîn Muhammad mashhûr ba-mawlawî*, v. 372; Gölpinarli, *Mevlânâ Celâleddin, Rubâîler*, T43, v. 128.
43. Can, *Hz. Mevlânâ'nin Rubâîleri*, v. 156; Ergin, *Rubâîlar of Rumi*, 100, v. 1; Forûzânfar (ed.), *Kulliyât-é shams yâ dîwân-é kabîr-e mawlânâ jalâluddîn Muhammad mashhûr ba-mawlawî*, v. 138; Gölpinarli, *Mevlânâ Celâleddin, Rubâîler*, T63-292.
44. Can, *Hz. Mevlânâ'nin Rubâîleri*, v. 123; Ergin, *Rubâîlar of Rumi*, 103, v. 3; Forûzânfar (ed.), *Kulliyât-é shams yâ dîwân-é kabîr-e mawlânâ jalâluddîn Muhammad mashhûr ba-mawlawî*, v. 105; Gölpinarli, *Mevlânâ Celâleddin, Rubâîler*, T44, v. 138.
45. Can, *Hz. Mevlânâ'nin Rubâîleri*, v. 257; Ergin, *Rubâîlar of Rumi*, 105, v. 2; Forûzânfar (ed.), *Kulliyât-é shams yâ dîwân-é kabîr-e mawlânâ jalâluddîn Muhammad mashhûr ba-mawlawî*, v. 239; Gölpinarli, *Mevlânâ Celâleddin, Rubâîler*, T64, v. 304.
46. Can, *Hz. Mevlânâ'nin Rubâîleri*, v. 225; Ergin, *Rubâîlar of Rumi*, 107, v. 2; Forûzânfar (ed.), *Kulliyât-é shams yâ dîwân-é kabîr-e mawlânâ jalâluddîn Muhammad mashhûr ba-mawlawî*, v. 207; Gölpinarli, *Mevlânâ Celâleddin, Rubâîler*, T45, v. 144.
47. Can, *Hz. Mevlânâ'nin Rubâîleri*, v. 434; Ergin, *Rubâîlar of Rumi*,109, v. 3; Forûzânfar (ed.), *Kulliyât-é shams yâ dîwân-é kabîr-e mawlânâ jalâluddîn Muhammad mashhûr ba-mawlawî*, v. 416; Gölpinarli, *Mevlânâ Celâleddin, Rubâîler*, T65, v. 310.
48. Can, *Hz. Mevlânâ'nin Rubâîleri*, v. 304; Ergin, *Rubâîlar of Rumi*, 113, v. 2; Forûzânfar (ed.), *Kulliyât-é shams yâ dîwân-é kabîr-e mawlânâ jalâluddîn Muhammad mashhûr ba-mawlawî*, v. 286; Gölpinarli, *Mevlânâ Celâleddin, Rubâîler*, T65, v. 316.
49. Can, *Hz. Mevlânâ'nin Rubâîleri*, v. 362; Ergin, *Rubâîlar of Rumi*,114, v. 2; Forûzânfar (ed.), *Kulliyât-é shams yâ dîwân-é kabîr-e mawlânâ jalâluddîn Muhammad mashhûr ba-mawlawî*, v. 344; Gölpinarli, *Mevlânâ Celâleddin, Rubâîler*, T65, v. 315.
50. Can, *Hz. Mevlânâ'nin Rubâîleri*, v. 382; Ergin, *Rubâîlar of Rumi*, 115, v. 4; Forûzânfar (ed.), *Kulliyât-é shams yâ dîwân-é kabîr-e mawlânâ jalâluddîn Muhammad mashhûr ba-mawlawî*, v. 364; Gölpinarli, *Mevlânâ Celâleddin, Rubâîler*, T47, v. 161.

51. Can, *Hz. Mevlânâ'nin Rubâîleri*, v. 371; Ergin, *Rubâîlar of Rumi*, 116, v. 3; Forûzânfar (ed.), *Kulliyât-é shams yâ dîwân-é kabîr-e mawlânâ jalâluddîn Muhammad mashhûr ba-mawlawî*, v. 353; Gölpinarli, *Mevlânâ Celâleddin, Rubâîler*, T66, v. 324.
52. Can, *Hz. Mevlânâ'nin Rubâîleri*, v. 487; Ergin, *Rubâîlar of Rumi*, 117, v. 2; Forûzânfar (ed.), *Kulliyât-é shams yâ dîwân-é kabîr-e mawlânâ jalâluddîn Muhammad mashhûr ba-mawlawî*, v. 432; Gölpinarli, *Mevlânâ Celâleddin, Rubâîler*, H1 67, v. 2.
53. Can, *Hz. Mevlânâ'nin Rubâîleri*, v. 772; Ergin, *Rubâîlar of Rumi*, 118, v. 1; Forûzânfar (ed.), *Kulliyât-é shams yâ dîwân-é kabîr-e mawlânâ jalâluddîn Muhammad mashhûr ba-mawlawî*, v. 718; Gölpinarli, *Mevlânâ Celâleddin, Rubâîler*, D69, v. 18.
54. Can, *Hz. Mevlânâ'nin Rubâîleri*, v. 713; Ergin, *Rubâîlar of Rumi*, 120, v. 3; Forûzânfar (ed.), *Kulliyât-é shams yâ dîwân-é kabîr-e mawlânâ jalâluddîn Muhammad mashhûr ba-mawlawî*, v. 659; Gölpinarli, *Mevlânâ Celâleddin, Rubâîler*, S69, v. 16.
55. Can, *Hz. Mevlânâ'nin Rubâîleri*, v. 714; Ergin, *Rubâîlar of Rumi*, 123, v. 2; Forûzânfar (ed.), *Kulliyât-é shams yâ dîwân-é kabîr-e mawlânâ jalâluddîn Muhammad mashhûr ba-mawlawî*, v. 660; Gölpinarli, *Mevlânâ Celâleddin, Rubâîler*, D69, v. 15.
56. Can, *Hz. Mevlânâ'nin Rubâîleri*, v. 558; Ergin, *Rubâîlar of Rumi*, 125, v. 2; Forûzânfar (ed.), *Kulliyât-é shams yâ dîwân-é kabîr-e mawlânâ jalâluddîn Muhammad mashhûr ba-mawlawî*, v. 533; Gölpinarli, *Mevlânâ Celâleddin, Rubâîler*, D80, v. 110.
57. Can, *Hz. Mevlânâ'nin Rubâîleri*, v. 561; Ergin, *Rubâîlar of Rumi*, 125, v. 3; Forûzânfar (ed.), *Kulliyât-é shams yâ dîwân-é kabîr-e mawlânâ jalâluddîn Muhammad mashhûr ba-mawlawî*, v. 506; Gölpinarli, *Mevlânâ Celâleddin, Rubâîler*, D80, v. 109.
58. Can, *Hz. Mevlânâ'nin Rubâîleri*, v. 738; Ergin, *Rubâîlar of Rumi*, 128, v. 3; Forûzânfar (ed.), *Kulliyât-é shams yâ dîwân-é kabîr-e mawlânâ jalâluddîn Muhammad mashhûr ba-mawlawî*, v. 684; Gölpinarli, *Mevlânâ Celâleddin, Rubâîler*, D68, v. 6.
59. Can, *Hz. Mevlânâ'nin Rubâîleri*, v. 847; Ergin, *Rubâîlar of Rumi*, 131, v.1; Forûzânfar (ed.), *Kulliyât-é shams yâ dîwân-é kabîr-e mawlânâ jalâluddîn Muhammad mashhûr ba-mawlawî*, v. 795; Gölpinarli, *Mevlânâ Celâleddin, Rubâîler*, D76, v. 75.
60. Can, *Hz. Mevlânâ'nin Rubâîleri*, v. 820; Ergin, *Rubâîlar of Rumi*, 131, v. 4; Forûzânfar (ed.), *Kulliyât-é shams yâ dîwân-é kabîr-e mawlânâ jalâluddîn Muhammad mashhûr ba-mawlawî*, v. 767;

Gölpinarli, *Mevlânâ Celâleddin, Rubâîler,* D76, v. 74.
61. Can, *Hz. Mevlânâ'nin Rubâîleri,* v. 743; Ergin, *Rubâîlar of Rumi,* 136, v. 3; Forûzânfar (ed.), *Kulliyât-é shams yâ dîwân-é kabîr-e mawlânâ jalâluddîn Muhammad mashhûr ba-mawlawî,* v. 689; Gölpinarli, *Mevlânâ Celâleddin, Rubâîler,* D67, v. 3.
62. Can, *Hz. Mevlânâ'nin Rubâîleri,* v. 548; Ergin, *Rubâîlar of Rumi,* 137, v. 4; Forûzânfar (ed.), *Kulliyât-é shams yâ dîwân-é kabîr-e mawlânâ jalâluddîn Muhammad mashhûr ba-mawlawî,* v. 493; Gölpinarli, *Mevlânâ Celâleddin, Rubâîler,* D77, v. 88.
63. Can, *Hz. Mevlânâ'nin Rubâîleri,* v. 579; Ergin, *Rubâîlar of Rumi,* 139, v. 1; Forûzânfar (ed.), *Kulliyât-é shams yâ dîwân-é kabîr-e mawlânâ jalâluddîn Muhammad mashhûr ba-mawlawî,* v. 524; Gölpinarli, *Mevlânâ Celâleddin, Rubâîler,* D97, v. 264.
64. Can, *Hz. Mevlânâ'nin Rubâîleri,* v. 790; Ergin, *Rubâîlar of Rumi,* 143, v. 4; Forûzânfar (ed.), *Kulliyât-é shams yâ dîwân-é kabîr-e mawlânâ jalâluddîn Muhammad mashhûr ba-mawlawî,* v. 737; Gölpinarli, *Mevlânâ Celâleddin, Rubâîler,* D70, v. 24.
65. Can, *Hz. Mevlânâ'nin Rubâîleri,* v. 889; Ergin, *Rubâîlar of Rumi,* 146, v. 2; Forûzânfar (ed.), *Kulliyât-é shams yâ dîwân-é kabîr-e mawlânâ jalâluddîn Muhammad mashhûr ba-mawlawî,* v. 837; Gölpinarli, *Mevlânâ Celâleddin, Rubâîler,* D104, v. 319.
66. Can, *Hz. Mevlânâ'nin Rubâîleri,* v. 530; Ergin, *Rubâîlar of Rumi,* 147, v. 4; Forûzânfar (ed.), *Kulliyât-é shams yâ dîwân-é kabîr-e mawlânâ jalâluddîn Muhammad mashhûr ba-mawlawî,* v. 475; Gölpinarli, *Mevlânâ Celâleddin, Rubâîler,* D104-322.
67. Can, *Hz. Mevlânâ'nin Rubâîleri,* v. 844; Ergin, *Rubâîlar of Rumi,* 154, v. 2; Forûzânfar (ed.), *Kulliyât-é shams yâ dîwân-é kabîr-e mawlânâ jalâluddîn Muhammad mashhûr ba-mawlawî,* v. 792; Gölpinarli, *Mevlânâ Celâleddin, Rubâîler,* D105, v. 331.
68. Can, *Hz. Mevlânâ'nin Rubâîleri,* v. 708; Ergin, *Rubâîlar of Rumi,* 155, v. 1; Forûzânfar (ed.), *Kulliyât-é shams yâ dîwân-é kabîr-e mawlânâ jalâluddîn Muhammad mashhûr ba-mawlawî,* v. 654; Gölpinarli, *Mevlânâ Celâleddin, Rubâîler,* D70, v. 28.
69. Can, *Hz. Mevlânâ'nin Rubâîleri,* v. 634; Ergin, *Rubâîlar of Rumi,* 155, v. 2; Forûzânfar (ed.), *Kulliyât-é shams yâ dîwân-é kabîr-e mawlânâ jalâluddîn Muhammad mashhûr ba-mawlawî,* v. 579; Gölpinarli, *Mevlânâ Celâleddin, Rubâîler,* D82, v. 131.
70. Can, *Hz. Mevlânâ'nin Rubâîleri,* v. 857; Ergin, *Rubâîlar of Rumi,* 156, v. 3; Forûzânfar (ed.), *Kulliyât-é shams yâ dîwân-é kabîr-*

e mawlânâ jalâluddîn Muhammad mashhûr ba-mawlawî, v. 805; Gölpinarli, *Mevlânâ Celâleddin, Rubâîler*, D83, v. 136.
71. Can, *Hz. Mevlânâ'nin Rubâîleri*, v. 878; Ergin, *Rubâîlar of Rumi*, 157, v. 1; Forûzânfar (ed.), *Kulliyât-é shams yâ dîwân-é kabîr-e mawlânâ jalâluddîn Muhammad mashhûr ba-mawlawî*, v. 826; Gölpinarli, *Mevlânâ Celâleddin, Rubâîler*, D106, v. 336.
72. Can, *Hz. Mevlânâ'nin Rubâîleri*, v.792; Ergin, *Rubâîlar of Rumi*, 159, v. 1; Forûzânfar (ed.), *Kulliyât-é shams yâ dîwân-é kabîr-e mawlânâ jalâluddîn Muhammad mashhûr ba-mawlawî*, v. 739; Gölpinarli, *Mevlânâ Celâleddin, Rubâîler*, D71, v. 30.
73. Can, *Hz. Mevlânâ'nin Rubâîleri*, v. 670; Ergin, *Rubâîlar of Rumi*, 159, v. 2; Forûzânfar (ed.), *Kulliyât-é shams yâ dîwân-é kabîr-e mawlânâ jalâluddîn Muhammad mashhûr ba-mawlawî*, v. 616; Gölpinarli, *Mevlânâ Celâleddin, Rubâîler*, D83, v. 139.
74. Can, *Hz. Mevlânâ'nin Rubâîleri*, v. 495; Ergin, *Rubâîlar of Rumi*, 159, v. 4; Forûzânfar (ed.), *Kulliyât-é shams yâ dîwân-é kabîr-e mawlânâ jalâluddîn Muhammad mashhûr ba-mawlawî*, v. 440; Gölpinarli, *Mevlânâ Celâleddin, Rubâîler*, D83, 142.
75. Can, *Hz. Mevlânâ'nin Rubâîleri*, v. 737; Ergin, *Rubâîlar of Rumi*, 160, v. 2; Forûzânfar (ed.), *Kulliyât-é shams yâ dîwân-é kabîr-e mawlânâ jalâluddîn Muhammad mashhûr ba-mawlawî*, v. 683; Gölpinarli, *Mevlânâ Celâleddin, Rubâîler*, D71, v. 31.
76. Can, *Hz. Mevlânâ'nin Rubâîleri*, v. 835; Ergin, *Rubâîlar of Rumi*, 160, v. 4; Forûzânfar (ed.), *Kulliyât-é shams yâ dîwân-é kabîr-e mawlânâ jalâluddîn Muhammad mashhûr ba-mawlawî*, v. 783; Gölpinarli, *Mevlânâ Celâleddin, Rubâîler*, D74, v. 68.
77. Can, *Hz. Mevlânâ'nin Rubâîleri*, v. 791; Ergin, *Rubâîlar of Rumi*, 161, v. 4; Forûzânfar (ed.), *Kulliyât-é shams yâ dîwân-é kabîr-e mawlânâ jalâluddîn Muhammad mashhûr ba-mawlawî*, v. 738; Gölpinarli, *Mevlânâ Celâleddin, Rubâîler*, D71, v. 32.
78. Can, *Hz. Mevlânâ'nin Rubâîleri*, v. 567; Ergin, *Rubâîlar of Rumi*, 163, v. 2; Forûzânfar (ed.), *Kulliyât-é shams yâ dîwân-é kabîr-e mawlânâ jalâluddîn Muhammad mashhûr ba-mawlawî*, v. 512; Gölpinarli, *Mevlânâ Celâleddin, Rubâîler*, D98, v. 269.
79. Can, *Hz. Mevlânâ'nin Rubâîleri*, v. 807; Ergin, *Rubâîlar of Rumi*, 198, v. 2; Forûzânfar (ed.), *Kulliyât-é shams yâ dîwân-é kabîr-e mawlânâ jalâluddîn Muhammad mashhûr ba-mawlawî*, v. 754; Gölpinarli, *Mevlânâ Celâleddin, Rubâîler*, D91, v. 210.
80. Can, *Hz. Mevlânâ'nin Rubâîleri*, v. 769; Ergin, *Rubâîlar of Rumi*,

165, v. 3; Forûzânfar (ed.), *Kulliyât-é shams yâ dîwân-é kabîre mawlânâ jalâluddîn Muhammad mashhûr ba-mawlawî*, v. 715; Gölpinarli, *Mevlânâ Celâleddin, Rubâîler,* D84, v. 149.
81. Can, *Hz. Mevlânâ'nin Rubâîleri,* v. 585; Ergin, *Rubâîlar of Rumi,* 168, v. 3; Forûzânfar (ed.), *Kulliyât-é shams yâ dîwân-é kabîre mawlânâ jalâluddîn Muhammad mashhûr ba-mawlawî*, v. 530; Gölpinarli, *Mevlânâ Celâleddin, Rubâîler,* D107, v. 350.
82. Can, *Hz. Mevlânâ'nin Rubâîleri,* v. 583; Ergin, *Rubâîlar of Rumi,* 169, v. 2; Forûzânfar (ed.), *Kulliyât-é shams yâ dîwân-é kabîre mawlânâ jalâluddîn Muhammad mashhûr ba-mawlawî*, v. 528; Gölpinarli, *Mevlânâ Celâleddin, Rubâîler,* D71, v. 34.
83. Can, *Hz. Mevlânâ'nin Rubâîleri,* v. 646; Ergin, *Rubâîlar of Rumi,* 170, v. 1; Forûzânfar (ed.), *Kulliyât-é shams yâ dîwân-é kabîre mawlânâ jalâluddîn Muhammad mashhûr ba-mawlawî*, v. 592; Gölpinarli, *Mevlânâ Celâleddin, Rubâîler,* D85, v. 157.
84. Can, *Hz. Mevlânâ'nin Rubâîleri,* v. 624; Ergin, *Rubâîlar of Rumi,* 170, v. 2; Forûzânfar (ed.), *Kulliyât-é shams yâ dîwân-é kabîre mawlânâ jalâluddîn Muhammad mashhûr ba-mawlawî*, v. 569; Gölpinarli, *Mevlânâ Celâleddin, Rubâîler,* D85, v. 159.
85. Can, *Hz. Mevlânâ'nin Rubâîleri,* v. 528; Ergin, *Rubâîlar of Rumi,* 171, v. 3; Forûzânfar (ed.), *Kulliyât-é shams yâ dîwân-é kabîre mawlânâ jalâluddîn Muhammad mashhûr ba-mawlawî*, v. 473; Gölpinarli, *Mevlânâ Celâleddin, Rubâîler,* D85, v. 156.
86. Can, *Hz. Mevlânâ'nin Rubâîleri,* v. 853; Ergin, *Rubâîlar of Rumi,* 172, v. 2; Forûzânfar (ed.), *Kulliyât-é shams yâ dîwân-é kabîre mawlânâ jalâluddîn Muhammad mashhûr ba-mawlawî*, v. 801; Gölpinarli, *Mevlânâ Celâleddin, Rubâîler,* D109, v. 359.
87. Can, *Hz. Mevlânâ'nin Rubâîleri,* v. 647; Ergin, *Rubâîlar of Rumi,* 176, v. 4; Forûzânfar (ed.), *Kulliyât-é shams yâ dîwân-é kabîre mawlânâ jalâluddîn Muhammad mashhûr ba-mawlawî*, v. 593; Gölpinarli, *Mevlânâ Celâleddin, Rubâîler,* D86, 169.
88. Can, *Hz. Mevlânâ'nin Rubâîleri,* v. 759; Ergin, *Rubâîlar of Rumi,* 177, v. 1; Forûzânfar (ed.), *Kulliyât-é shams yâ dîwân-é kabîre mawlânâ jalâluddîn Muhammad mashhûr ba-mawlawî*, v. 705; Gölpinarli, *Mevlânâ Celâleddin, Rubâîler,* D109, v. 364.
89. Can, *Hz. Mevlânâ'nin Rubâîleri,* v. 784; Ergin, *Rubâîlar of Rumi,* 177, v. 3; Forûzânfar (ed.), *Kulliyât-é shams yâ dîwân-é kabîre mawlânâ jalâluddîn Muhammad mashhûr ba-mawlawî*, v. 731; Gölpinarli, *Mevlânâ Celâleddin, Rubâîler,* D71, v. 36.

90. Can, *Hz. Mevlânâ'nin Rubâîleri*, v. 597; Ergin, *Rubâîlar of Rumi*, 178, v. 2; Forûzânfar (ed.), *Kulliyât-é shams yâ dîwân-é kabîr-e mawlânâ jalâluddîn Muhammad mashhûr ba-mawlawî*, v. 542; Gölpinarli, *Mevlânâ Celâleddin, Rubâîler*, D110, v. 368.

91. Can, *Hz. Mevlânâ'nin Rubâîleri*, v. 886; Ergin, *Rubâîlar of Rumi*, 179, v. 4; Forûzânfar (ed.), *Kulliyât-é shams yâ dîwân-é kabîr-e mawlânâ jalâluddîn Muhammad mashhûr ba-mawlawî*, v. 834; Gölpinarli, *Mevlânâ Celâleddin, Rubâîler*, D86, v. 164.

92. Can, *Hz. Mevlânâ'nin Rubâîleri*, v. 955; Ergin, *Rubâîlar of Rumi*, 180, v. 1; Gölpinarli, *Mevlânâ Celâleddin, Rubâîler*, D109, v. 363.

93. Can, *Hz. Mevlânâ'nin Rubâîleri*, v. 2121; Ergin, *Rubâîlar of Rumi*, 442, v. 2; Forûzânfar (ed.), *Kulliyât-é shams yâ dîwân-é kabîr-e mawlânâ jalâluddîn Muhammad mashhûr ba-mawlawî*, v. 1929; Gölpinarli, *Mevlânâ Celâleddin, Rubâîler*, Y207, v. 85.

94. Can, *Hz. Mevlânâ'nin Rubâîleri*, v. 547; Ergin, *Rubâîlar of Rumi*, 185, v. 4; Forûzânfar (ed.), *Kulliyât-é shams yâ dîwân-é kabîr-e mawlânâ jalâluddîn Muhammad mashhûr ba-mawlawî*, v. 492; Gölpinarli, *Mevlânâ Celâleddin, Rubâîler*, D88, v. 184.

95. Can, *Hz. Mevlânâ'nin Rubâîleri*, v. 687; Ergin, *Rubâîlar of Rumi*, 186, v. 2; Forûzânfar (ed.), *Kulliyât-é shams yâ dîwân-é kabîr-e mawlânâ jalâluddîn Muhammad mashhûr ba-mawlawî*, v. 633; Gölpinarli, *Mevlânâ Celâleddin, Rubâîler*, D88, v. 183.

96. Can, *Hz. Mevlânâ'nin Rubâîleri*, v. 770; Ergin, *Rubâîlar of Rumi*, 187, v. 1; Forûzânfar (ed.), *Kulliyât-é shams yâ dîwân-é kabîr-e mawlânâ jalâluddîn Muhammad mashhûr ba-mawlawî*, v. 716; Gölpinarli, *Mevlânâ Celâleddin, Rubâîler*, D111, v. 378.

97. Can, *Hz. Mevlânâ'nin Rubâîleri*, v. 798; Ergin, *Rubâîlar of Rumi*, 189, v. 3; Forûzânfar (ed.), *Kulliyât-é shams yâ dîwân-é kabîr-e mawlânâ jalâluddîn Muhammad mashhûr ba-mawlawî*, v. 745; Gölpinarli, *Mevlânâ Celâleddin, Rubâîler*, D72, v. 43.

98. Can, *Hz. Mevlânâ'nin Rubâîleri*, v. 84; Ergin, *Rubâîlar of Rumi*, 31, v. 3; Forûzânfar (ed.), *Kulliyât-é shams yâ dîwân-é kabîr-e mawlânâ jalâluddîn Muhammad mashhûr ba-mawlawî*, v. 71; Gölpinarli, *Mevlânâ Celâleddin, Rubâîler*, B27, v. 28.

99. Ergin, *Rubâîlar of Rumi*, 200, v.1; Gölpinarli, *Mevlânâ Celâleddin, Rubâîler*, D91, v. 207.

100. Can, *Hz. Mevlânâ'nin Rubâîleri*, v. 705; Ergin, *Rubâîlar of Rumi*, 164, v. 2; Forûzânfar (ed.), *Kulliyât-é shams yâ dîwân-é kabîr-e mawlânâ jalâluddîn Muhammad mashhûr ba-mawlawî*, v. 651; Gölpinarli, *Mevlânâ Celâleddin, Rubâîler*, D98, v. 270

Bibliografía

Can, Şefik. *Hz. Mevlânâ'nin Rubâîleri*. Ankara, Turkey: T.C. Kûltûr Bakanliği Yayinlari/2752 Yayimlar Dairesi /Başkanliği / Sanat-Ebediyat Eserleri Dizise/3655-120, 2001.

Ergin, Nevit. *Rubâîlar of Rumi*. Los Angeles: Echo Publications, 2014.

Forûzânfar Badî'uzzamân, ed. *Kulliyât-é shams yâ dîwân-é kabîr-e mawlânâ jalâluddîn Muhammad mashhûr ba-mawlawî*. Tehrân, Iran: University of Tehrân, 1957-1967.

Gölpinarli, Abdulbaki. *Mevlânâ Celâleddin, Rubâîler*. Ankara, Turkey: Ajans-Türk Matbaacilik Sanayi, 1982.

About the Author

Nevit O. Ergin devoted his life to the same spiritual path as Mevlana Jalaluddin Rumi. He is the only person to have translated into English Rumi's entire Dîvân-i Kebîr--44,000 verses in 22 volumes. He also translated all 2,217 of Rumi's rubaís. His translations are not just intellectual, but truly inspired. He spent over 60 years of his life "trying to get rid of this earth before it gets rid of me." He died in July 2015.

Sobre el Autor

Nevit O. Ergin dedicó su vida al mismo camino espiritual que Maulana Jalaluddin Rumi. Él es la única persona que ha traducido al inglés todo el Dîvân-i Kebîr de Rumi: 44,000 versos en 22 volúmenes. También tradujo los 2.217 rubaís de Rumi. Sus traducciones no son solo intelectuales, sino verdaderamente inspiradas. Pasó más de 60 años de su vida "tratando de deshacerme de esta tierra antes de que ella se deshaga de mí". Murió en julio de 2015.

About the Spanish Translator

Oscar Diaz del Valle (1973) Málaga, Spain.
Mr. Diaz del Valle is an eclectic and self-taught character. From a young age he has dedicated his life to understanding the human experience. He is initiated in martial arts and the spiritual disciplines as Buddhism, Taoism, esoteric Christianity and Sufism, as well as Chinese medicine, , Tai Chi, and other forms of energy therapies
In 2019 he began to walk the path taught by Mr Hasan Lüfti Shushud, "Itlaq Yolu", the path of liberation, guided by Millicent Alexander, who, after having met Hasan Shushud, worked with Nevit Ergin for 45 years.

Sobre el Traductor

Oscar Díaz del Valle (1973) Málaga, España.
El Sr. Díaz del Valle es un personaje ecléctico y autodidacta. Desde muy joven, ha dedicado su vida a comprender la experiencia humana. Iniciado en artes marciales y disciplinas espirituales como budismo, taoísmo, cristianismo esotérico y sufismo, así como en la medicina china, Tai Chi y otras formas de terapias energéticas.
En 2019 comenzó a recorrer el camino enseñado por Hasan Lüfti Shushud, "Itlaq Yolu", el camino de la liberación, guiado por Millicent Alexander, quien, después de conocer a Hasan Shushud, trabajó con Nevit Ergin durante 45 años.

www.ingramcontent.com/pod-product-compliance
Lightning Source LLC
LaVergne TN
LVHW011417080426
835512LV00005B/102